MEDITACIÓN

Guía Para Sanar El Alma Y Encontrar La Paz

(Técnicas De Atención Plena Para La Meditación)

Atila Alva

Publicado Por Daniel Heath

© **Atila Alva**

Todos los derechos reservados

Meditación: Guía Para Sanar El Alma Y Encontrar La Paz (Técnicas De Atención Plena Para La Meditación)

ISBN 978-1-989808-42-9

Este documento está orientado a proporcionar información exacta y confiable con respecto al tema y asunto que trata. La publicación se vende con la idea de que el editor no esté obligado a prestar contabilidad, permitida oficialmente, u otros servicios cualificados. Si se necesita asesoramiento, legal o profesional, debería solicitar a una persona con experiencia en la profesión.

Desde una Declaración de Principios aceptada y aprobada tanto por un comité de la American Bar Association (el Colegio de Abogados de Estados Unidos) como por un comité de editores y asociaciones.

No se permite la reproducción, duplicado o transmisión de cualquier parte de este documento en cualquier medio electrónico o formato impreso. Se prohíbe de forma estricta la grabación de esta publicación así como tampoco se permite cualquier almacenamiento de este documento sin permiso escrito del editor. Todos los derechos reservados.

Se establece que la información que contiene este documento es veraz y coherente, ya que cualquier responsabilidad, en términos de falta de atención o de otro tipo, por el uso o abuso de cualquier política, proceso o dirección contenida en este documento será responsabilidad exclusiva y absoluta del lector receptor. Bajo ninguna circunstancia se hará responsable o culpable de forma legal al editor por cualquier reparación, daños o pérdida monetaria debido a la información aquí contenida, ya sea de forma directa o indirectamente.

Los respectivos autores son propietarios de todos los derechos de autor que no están en posesión del editor.

La información aquí contenida se ofrece únicamente con fines informativos y, como tal, es universal. La presentación de la información se realiza sin contrato ni ningún tipo de garantía.

Las marcas registradas utilizadas son sin ningún tipo de consentimiento y la publicación de la marca registrada es sin el permiso o respaldo del propietario de esta. Todas las marcas registradas y demás marcas incluidas en este libro son solo para fines de aclaración y son propiedad de los mismos propietarios, no están afiliadas a este documento.

Tabla De Contenido

Parte 1 1

Introducción 2

Capítulo 1. La Historia De La Meditación 4

Capítulo 2. Los Beneficios Psicológicos De La Meditación 11

Capítulo 3. Los Beneficios Emocionales De La Meditación 18

Capítulo 4. Los Beneficios Físicos De La Meditación 28

Capítulo 5. Los Diferentes Tipos De Meditación 51

Capítulo 6. Eligiendo La Técnica De Meditación Más Apropiada 60

Capítulo 7. Cómo Meditar 66

Conclusión 90

Parte 2 92

Introducción 93

Capítulo 1 98

Capítulo 2 103

Capítulo 3 110

Capítulo 4 115

Capítulo 5 122

Capítulo 6 132

Capítulo 7 138
Conclusión 142

Parte 1

Introducción

¿Te sientes estresado? ¿A veces sientes que tu vida está como en una montaña rusa con subidas y bajadas repentinas? La vida moderna puede ser muy agotadora en lo emocional, físico y mental. A pesar de todo esto, la meditación es una herramienta clave para enfrentar y mejorar estas situaciones. Y es que la meditación tiene maravillosos beneficios, y nos ayuda en muchas formas:
- Menos estrés
- Felicidad duradera
- Mejores relaciones
- Más creatividad
- Mejor productividad
- Incrementa la longevidad
- Mejora el sueño
- Reduce el dolor
- Una apariencia más juvenil

Si quieres aprender más de estos beneficios, esta guía te acompañará por el maravilloso camino de la meditación.

La meditación se ha descrito como la "píldora mágica" para sobrevivir al mundo moderno. A pesar de ser practicada en Oriente desde hace miles de años, la popularidad en Occidente apenas alcanza unos 200 años. Pero su popularidad va en aumento, a medida que muchos de sus beneficios salen a la luz.

En esta guía se repasan los siguientes temas:
- Los orígenes de la meditación
- Los diferentes tipos de meditación
- Cómo se practica la meditación
- Cómo beneficia la meditación en el contexto emocional, físico y mental.

¡Comencemos este viaje!

Capítulo 1. La historia de la meditación

Tiempos antes de Cristo (a.C.)
La meditación ha estado presente por miles de años, aunque se desconoce exactamente la fecha de su comienzo. Los arqueólogos han encontrado artefactos que aportan evidencias a las teorías de varios estudiosos del tema, sugiriendo que se trata de una práctica con alrededor de 5,000 años de antigüedad. Sus orígenes estuvieron siempre basados en prácticas religiosas, pero en la actualidad, en Occidente, muchas personas que la practican no tienen un interés en las referencias a la religión, sino más bien en la asombrosa capacidad de esta práctica para mejorar el bienestar.

Año 1,500 a.C. Los primeros registros documentados sobre meditación se encontraron en la India, arraigados a la religión Hindú. Son las enseñanzas de los llamados "Vedas".

Años 600-500 a.C. La meditación budista comenzó en China e India. Sus orígenes exactos son desconocidos, pero se cree que están ligados a los sutras del Tipitaka (o Canon Pali), una colección de antiguos textos budistas.

Años 400 a.c.- 100 a.c. La filosofía del yoga, la meditación y la espiritualidad denominada *"Bhagavad Gita"*, y el esquema de las "8 extremidades del yoga" registrados en "Los Sutras del Yoga de Patanjali" fueron escritos.

En Occidente, cerca del año 20 a.C., Filón de Alejandría había escrito ejercicios de concentración con enfoques meditativos.

Tiempos después de Cristo (d.C)

Año 2 d.C. Plotino desarrolló una técnica de meditación formal.

Año 5 d.C. El primer concepto "Zen" llega a China central desde Bodhidharma, y se funda la primera escuela en el Este asiático por Zhivi.

Año 6 d.C. El Budismo fue promovido en Corea por Wonhyo y Uisang.

Las prácticas de meditación también son observadas en el Judaísmo. En la Torá, se dice que el patriarca Isaac *"lasuach"* en el campo, un término que se ha entendido como un tipo de práctica meditativa. Existen más referencias de la Biblia hebrea que explican las tradiciones meditativas en las enseñanzas del Judaísmo.

Año 7 d.C. Crece el Budismo japonés y se desarrollan prácticas para la meditación.

Año 600 d.C. Dosho, un monje japonés, aprendió sobre el Zen durante una visita en China en el 653 d.C. Cuando regresó a Japón, abrió la primera sala de meditación en Nara.

Años 1000-1100 d.C. En la religión Islámica, la invocación a Dios conocida como *"Dhikr"* incorporaba técnicas meditativas. Algunas son encontradas en las prácticas del Sufismo (que aparece en los siglos XI y XII), incluyendo la repetición de palabras sagradas y control de la respiración.

Año 1200 d.C. El Zazen, una forma de meditación utilizada por monjes japoneses, llegó de China cuando el monje japonés Dogen regresó tras visitar esa región.

En la Edad Media, la meditación judía había crecido y se había transformado. La práctica llevó al desarrollo e inclusión de enfoques meditativos tanto a los rezos como al estudio.

En la religión cristiana oriental, una postura específica y la repetición de una frase fueron incluidas de forma regular en la meditación. Entre los siglos X y XIV, en el tiempo bizantino, la tradición del Hesicasmo fue creada. Se trata de un método de meditación llevado por una introspección profunda y que interrumpe temporalmente los sentidos.

Por otra parte, la meditación cristiana de Occidente no involucra ninguna postura o repetición en particular. Es una evolución de una lectura divina (*Lectio Divina*) que fue leída entre los monjes Benedictinos en el siglo VI. Seis siglos más tarde (s. XII), un monje llamado Guigo II propuso un proceso meditativo basado en una especie de escalera con 4 pasos: leer, reflexionar, rezar y contemplar. Este, fue desarrollado más adelante por dos santos en el siglo XVI: Ignacio de Loyola y Teresa de Ávila.

En el siglo XVIII, las traducciones de las enseñanzas antiguas del Budismo llegan a las costas occidentales. En la década de 1890, se desarrollaron nuevas escuelas de yoga por gurús como Vivekananda.

Siddhartha, que cuenta la historia del viaje espiritual de Buda, fue publicado por Hermann Hesse en 1922.

En 1927, se publica el *"Libro de la Muerte"*, un famoso título proveniente del Tíbet acerca del Budismo. Atrajo a muchos occidentales a las enseñanzas de esta doctrina.

La meditación de autodiscernimiento o de auto observación llamada "Vipassana" comienza en Burma en la década de los años 50.

Un libro llamado *"Los vagabundos del dharma"* (de Jack Kerouac) es publicado por primera vez en 1958. Generó mucho interés y curiosidad acerca de la meditación.

Nuevos tipos de meditación comenzaron a surgir en la década de 1960, incluyendo la Meditación Trascendental (TM en inglés).

El mundo de la medicina comenzó a mostrar interés por los efectos de la meditación y la conciencia plena (*mindfulness* en inglés) cuando el Dr. Jon Kabat-Zinn abrió el *Mindfulness Centre* en 1979. Luego él dio inicio al Programa de Reducción del estrés en la Universidad de Massachusetts, tratando pacientes con enfermedades crónicas.

El Centro Chopra para el bienestar fue fundado por los doctores Deepak Chopra y David Simon en 1996.

En 1997, un libro titulado *"El poder del ahora: una guía para la iluminación espiritual"* fue publicado por Eckhart Tolle. El libro incluyó temas como la conciencia del momento presente y la sintonización con el ser más profundo a través de la meditación.

El libro de Deepak Chopra titulado *"El cumplimiento espontáneo del deseo"* fue publicado en el año 2003. Destaca el uso de la meditación para enfocarse en los deseos propios y la forma de conectar al infinito de posibilidades que existen a nuestro alrededor.

El Centro Nacional de Medicina Alternativa y Complementaria publicó un estudio en 2007. En el estudio se expuso que el 9.4%

de los americanos meditaban.

En el 2012, la meditación se convertía en tendencia. Ya se podían encontrar grupos, maestros, clínicas, estudios, reuniones sociales, retiros y centros espirituales que se enfocaban en la meditación, combinada frecuentemente con el yoga. Se distribuyó ampliamente en América y el mundo Occidental en general.

El 8 de agosto de 2014, más de 100,000 personas alrededor del mundo se reunieron en la sesión de meditación más grande de la historia. Se realizó a favor de la paz.

Capítulo 2. Los beneficios psicológicos de la meditación

Estrés
Es justo decir que el estrés es una epidemia en el mundo moderno. La meditación ha mostrado tener un efecto significativo en la reducción del estrés; nos ayuda a enfocarnos en el presente, y a llevarnos a un estado de relajación profunda. Por otro lado, estimula los químicos que dentro de nuestro cerebro sonlos responsables de hacernos sentir felices y con energía, y disminuye la carga de sustancias que nos llevan a sentirnos ansiosos o con temor.

Neurogénesis
Justo antes de nacer, el ser humano posee cerca de un trillón de neuronas en su cerebro. Desafortunadamente, al llegar a la adultez esta cantidad se reduce a unas 100 billones. A medida que se envejece el número continúa disminuyendo, y es un proceso normal que por mucho tiempo se pensaba era irreversible. Sin embargo, un estudio publicado en la revista de

Medicina Natural en 1998 cambió esta idea, encontrando que el cerebro es capaz de regenerar neuronas. Justo como alguien que no hace nada por mantenerse saludable (subiendo de peso, débil y enfermo), con el cerebro sucede lo mismo. Así que, con el fin de mantenerlo en forma y sano, este también necesita ejercicio. Aprender un lenguaje, las creaciones artísticas o resolver acertijos mentales son una buena ayuda para la generación de nuevas neuronas; aunque por mucho, el campeón para su producción es la meditación.

La meditación no solamente equilibra ambos hemisferios cerebrales, sino que en realidad hace al cerebro más fuerte, saludable y lo ayuda a reconectarse, llevando a mejorar la capacidad de pensamiento drásticamente.

Todo esto puede tener un efecto profundo en los aspectos psicológicos sobre cómo funciona el cerebro. Mejora la memoria, el C.I. (Coeficiente intelectual), la capacidad de atención y el procesamiento de los pensamientos, mientras reduce las actividades asociadas con el miedo, la ansiedad, la depresión y la ira.

Con la práctica continua de la meditación, el sistema nervioso es pronto reconectado en su totalidad, organizándose a un nivel óptimo por todo el cuerpo.

Desórdenes mentales
Adicciones. ¿Tienes malos hábitos? ¿Te comes las uñas, fumas, bebes demasiado o, tienes adicción a drogas ilegales o a medicamentos prescritos? Todos son indicadores de que algo no está del todo bien con el funcionamiento de tu cerebro.

La meditación puede ayudarte a entender las razones detrás de estos comportamientos y dejar de justificar las razones para no hacer algo. Te ayudará a ver los beneficios de tu vida al evitar que esas malas conductas te controlen.

Un estudio en bebedores sociales frecuentes,demostró que la meditación y otros tipos de técnicas estructuradas de relajación, resultaron en una reducción significativa del consumo de alcohol.

Estudios similares con el cigarro y otras drogas han mostrado el mismo tipo de resultados. En un estudio, a unos prisioneros adictos a las drogas se les ofreció un curso intensivo de meditación con una duración de 12 semanas, meditando unos 30 minutos dos veces al día. Los resultados no solo se reflejaron en la mejora del estado mental general de los prisioneros, sino que también les permitió dejar sus malos hábitos con más eficacia que con cualquier otro programa de rehabilitación que habían intentado.

Fobias. Regularmente cuando las personas le temen a algo dicen que tienen una fobia. La verdad es que una fobia real es un desorden psicológico complejo y serio. No solo tiene un efecto negativo en la vida diaria de las personas, sino que también los lleva a tener respuestas irracionales o incluso peligrosas. Todos los desórdenes de pánico son provocados por el instinto de lucha o huida que se tiene dentro del subconsciente primitivo en nuestro cerebro. Utilizando la meditación, en realidad se pueden romper muchas de las conexiones de esta parte de nuestro cerebro, lo que alivia nuestra respuesta al miedo y puede, con el tiempo, recuperar a quien sufre de fobias.

Trastorno Obsesivo-Compulsivo (TOC). Para algunos que sufren de TOC, los pensamientos intrusivos que los llevan a actuar de una forma que a los demás les parece irracional o excesivo es el desafío de cada día. Desde estresarse por los gérmenes en la manija del carro del supermercado hasta obsesionarse de evitar las grietas en el pavimento, este padecimiento puede tomar distintas formas y convertirse en un bombardeo interminable de pensamientos que privan de la libertad a quien lo sufre.

Cada persona promedio tiene en su cerebro unos 70,000 pensamientos por día, pero alguien que sufre TOC puede tener un número significativamente mayor. Un número que la Asociación Americana de Psicología simplemente lo ha descrito como "muchos más".

Esto es resultado de la mente consciente siendo sobrecargada, lo que ocurre también con la ansiedad y la depresión.

La meditación permite un mayor acceso a

la mente subconsciente. Pone freno a las conductas compulsivas y le permite a la mente reenfocarse en otras cosas. Promueve la creatividad y mejora el sueño, al tiempo que reduce el estrés, la ansiedad y la depresión.

Desórdenes alimenticios

Los desórdenes alimenticios pueden ser muy difíciles de superar. Pero con la meditación también se ha visto que hay grandes beneficios. Puede ayudar a quienes sufren estos desórdenes a enfocar sus pensamientos en cosas más productivas, liberar las tensiones, mejorar los sentimientos de auto confianza y calmar los impulsos. Les ayuda a aprender que una vida feliz y saludable puede ser alcanzable, y lo más importante es que enseña a amarse a sí mismo tal y como se es. Esto se alcanza principalmente por cambios en los balances químicos del cerebro.

Otras enfermedades mentales también se benefician de la práctica regular de la meditación, incluyendo: depresión, demencia, Alzheimer, trastorno por déficit de atención/hiperactividad y bipolaridad.

Capítulo 3. Los beneficios emocionales de la meditación

Felicidad

Los científicos expertos en el cerebro han concluido que, entre más meditación se realice, más feliz será uno. La Dra. Sara Lazar, neurocientífica de Harvard, realizó un estudio en 2005 donde descubrió que la meditación regular incrementa la actividad neuronal de la corteza prefrontal. Esta es nuestra "región feliz" del cerebro. La Dr. Lazar concluyó que entre más años una persona practique meditación, más grande se hace esa región de su cerebro.

El solo hecho de que la meditación también alivia el estrés y nos aporta un sentimiento general de bienestar, debe ser un factor que contribuye a nuestra sensación general de felicidad.

Estabilidad emocional

No es algo nuevo decir que el estrés juega un papel importante como factor que contribuye a las enfermedades físicas y mentales. Numerosos estudios han respaldado este hecho, y es que en este mundo acelerado, es difícil no ser presa del estrés. Casi todo lo que hacemos provoca estrés, desde la comida que comemos hasta nuestros horarios apretados.Además, hay muchas expectativas puestas sobre nosotros, llevándonos inevitablemente al estrés. Tiene un efecto devastador en nuestras emociones, y fácilmente puede abrumarnos haciendo difícil enfrentarlo. La ciencia ha probado que la meditación regular trae a la mente un estado de relajación, junto con algunas herramientas necesarias para lidiar con el estrés.

La meditación libera hormonas que el cerebro requiere para elevar nuestras emociones, y bloquea los químicos que nos llevan a la inestabilidad. La meditación permite que estemos más equilibrados, en autocontrol y emocionalmente estables.

Timidez
Algunas personas son naturalmente tímidas. Ser introvertido puede tener efectos negativos para el día a día; con dificultades para relacionarse, obtener

empleo o hacer amigos. De la misma manera, la meditación libera químicos cerebrales que ayudan al estado emocional, y estos mismos químicos pueden ser útiles para superar la timidez. La meditación nos permite sentirnos empoderados, fortaleciendo zonas del cerebro responsables de nuestras emociones y la felicidad. También nos permite controlar nuestro subconsciente así como nuestros miedos conscientes, que son la causa fundamental de la timidez.

Relaciones más fuertes

Tomar control de nuestros miedos y preocupaciones nos lleva a sentirnos más felices, emocionalmente estables, y refuerza la confianza y la autoestima. Si vives con miedos, dudas, ansiedades e infelicidad, no hay de qué asombrarse cuando las relaciones salen perdiendo. Investigaciones llevadas a cabo en parejas han demostrado que la meditación tiene un efecto casi inmediato en el mejoramiento de las relaciones. Si es practicada a largo plazo, cada aspecto de una relación mejora. Ayuda a formar lazos más fuertes, no solo con las pareja, sino con otros miembros de la familia, amigos, colegas de trabajo, etc. Mejora nuestra tolerancia hacia los otros, la capacidad para empatizar y perdonar; pero lo más importante, es que permite entendernos a nosotros mismos y apreciar más a los demás que acompañan nuestra vida.

Reduce el estrés y ansiedad
Acabar con el estrés es probablemente el beneficio más importante y atractivo de la meditación. Nuestros cerebros han sido comparados a los de un mono loco y borracho, o uno que ha sido picado por un escorpión. ¿Quisieras que ese mono controle tu vida? Quizá la analogía puede sonar un tanto extrema, pero es seguro que captarás la idea. La razón de esta analogía es que nuestras mentes están sobre estimuladas, y trabajan de una forma primitiva, caótica y desorganizada, tal como con los monos.

¿Porqué nuestro proceso de pensamiento es tan caótico? ¿Por qué nos ponemos tan estresados y ansiosos? Esto tiene que ver mucho con nuestros instintos de supervivencia. No hace mucho tiempo confiábamos en nuestro cerebro para que nos ayudara a mantenernos con vida cuando enfrentábamos una situación de vida o muerte, hablando de leones, tigres y osos (uy). Sí, los predadores fueron alguna vez una amenaza seria, igual que otros humanos peleando por territorio, comida o cualquier otra cosa de valor. En estos casos, nuestro instinto primario de supervivencia era esencial y provocó que tuviéramos reacciones de "pelear o huir" frente a los enemigos.

Cuando se desencadenan estas respuestas, también suceden reacciones con ciertos químicos:

- Adrenalina. Esta nos ayuda a enfocar nuestra mente y le da un gran aporte de energía. Prepara a nuestro organismo para pelear o huir. Asimismo, eleva el ritmo cardiaco y la frecuencia respiratoria, y puede provocar sudor.
- Norepinefrina. Actúa similar a la

adrenalina. Prepara a los músculos a responder a las situaciones. Ayuda también con el redireccionamiento de sangre al corazón, pulmones y músculos para asegurarse que estén listos para responder. Es como un respaldo de la adrenalina, cuando es necesario.

- Cortisol. Es la hormona del estrés, que también es liberada. No es tan inmediata como las anteriores, sino que toma unos minutos para que el cortisol fluya por nuestro sistema. Es el responsable de regular ciertas funciones del organismo como el equilibrio de fluidos y la presión sanguínea cuando somos expuestos a un ataque. El problema con el cortisol es que entre más estresadosestemos, incluso a bajos niveles, este químico se libera de forma continua. Esto puede llevar a que existan altos niveles de forma crónica, llevando a problemas de salud relacionados con el sistema inmune, presión sanguínea, azúcar en sangre y otros.

La realidad es que, en su mayoría, ya no tenemos porqué huir de leones, tigres u osos. Pero nuestro cuerpo es amenazado por nuevos enemigos que parece miramos de la misma forma. Todos los problemas del día a día que nos preocupan (dinero, trabajo, relaciones) nos provocan un estrés que nos hace reaccionar bajo la misma respuesta de "pelear o huir" alojada en la parte primitiva de nuestro cerebro.

Esta parte primitiva se le conoce como amígdala. Las imágenes por resonancia magnética han demostrado que la amígdala presenta una reducción en su tamaño tras la meditación regular. También han mostrado que las conexiones entre la amígdala y otras partes del cerebro eran debilitadas tras meditar, y las áreas asociadas a un pensamiento más consciente incrementaban en tamaño y fuerza. Apártate Einstein.

Ya se mencionaba que el número promedio de pensamientos que tiene el ser humano por día es de unos 70,000. Eso significa que podríamos tener un pensamiento negativo nuevo cada segundo. No sorprende que nuestras mentes estén abrumadas. Por suerte, la meditación también incrementa las hormonas de la felicidad y químicos como los GABA (tipo de neurotransmisores), la serotonina, la dopamina y las endorfinas. Todos estos han contribuido a nuestra racionalidad, en otras palabras, a alejarse de la "caótica mente del mono".

La meditación pone un alto a que estés reviviendo los problemas del pasado y repasando los posibles problemas del futuro una y otra vez. En lugar de eso, enfoca tu mente en el aquí y el ahora, permitiéndote realmente vivir cada momento y hacer cada uno como el mejor momento.

Control de la ira

Antes que nada, ¿Qué produce la ira? Generalmente ocurre cuando sentimos que estamos fuera de control. Es esa misma reacción primitiva de "pelear o huir" que toma control de nuestra mente racional.

La meditación permite que nuestro cerebro subconsciente primitivo deje de ser sobrerreactivo a las situaciones. Permite que nuestro cerebro de pensamiento avanzado encuentre la mejor solución a los problemas y que no incluya gritar u otras conductas agresivas.

Considera este ejemplo. El bote en el que te encuentras se está hundiendo. Dos personas están intentando tomar control de la situación, pero, ¿a quién harías caso? ¿a la persona que está gritando y siendo agresiva con los demás? o, ¿a quién se encuentra en calma y organizando, sugiriendo ideas estratégicas para enfrentar la situación?. Esta última persona tiene la misma cantidad de adrenalina, norepinefrina y cortisol corriendo por sus venas al igual que quien está gritando. La diferencia es que la persona calmada está utilizando su cerebro de pensamiento avanzado, no su mono primitivo que, o pelea o huye.

Algunas personas usan el enojo o la ira como arma, para subestimar o intimidar a los demás. Muy posiblemente te hayas cruzado con alguno de estos. Normalmente, son personas muy inseguras o con cierto complejo de importancia o deseo de poder.

Otros, se muestran enojados con la vida todo el tiempo, y se les conoce como auto saboteadores. Estos ignoran las oportunidades presentes para mejorar sus vidas. Dejan que su voz interior les convenza de que nada está nunca bien o suficientemente bien. No escuchan razones, odian que se les diga que no están bien o que cometieron un error.

Toda esta negatividad basada en el miedo puede ser rápidamente transformada a través de la meditación. Más que ser reactivo, nuestro cerebro se hará proactivo. Más que ser de mente limitada, se te aclarará un amplio panorama. Los sentimientos de impotencia e insuficiencia son transformados y reemplazados por autoestima y confianza en sí mismo. El cerebro de pensamiento avanzado es activado y la mente se calma, se hace más racional y clara de pensamiento.

Capítulo 4. Los beneficios físicos de la meditación

En este apartado se revisan a detalle algunos beneficios físicos sobre la meditación.

Longevidad

Si prestas atención a los medios de comunicación, posiblemente sabrás lo que es un antioxidante llamado resveratrol. Diversos artículos académicos han estudiado esta sustancia, más de 220,000 para ser más exactos. Lo que ha mostrado la investigación son las características del resveratrol como químico anti-edad. Se ha encontrado que contribuye a mejorar la memoria, inhibe las célulascancerígenasy las enfermedades vasculares, también por prevenir el Alzheimer y la demencia, reducir el colesterol y reparar los daños por radicales libres. En pocas palabras, son pequeñas dosis de una maravilla.

Las propiedades anti-edad que posee actúan de dos maneras. Primero, como un antioxidante poderoso, y segundo, por activar proteínas específicas de los genes llamadas "sirtuinas". Son tan poderosas sus propiedades, que han sido muy estudiadas por compañías farmacéuticas intentando aislar sus propiedades anti-edad, especialmente de la SIRT1, la cual se ha encontrado que incrementa las tasas de supervivencia celular. Desafortunadamente, para las compañías, envasar esta sustancia ha sido casi imposible.

La buena noticia es que esta sustancia puede ser activada de otras formas más allá de consumir un puñado de pastillascostosas. Beber vino tinto es una forma, pero otra es precisamente practicar meditación. De hecho, la meditación puede incrementar la SIRT1 hasta en un 52%, tal como lo demostró un estudio en 2017. En un período de 12 semanas, se evaluaron biomarcadores de envejecimiento celular en seis personas que practicaban meditación. Entre los resultados, se encontró que los niveles de sirtuina 1 se habían elevado significativamente (52%).Parece que meditar es un camino seguro para una larga vida.

El resveratrol y las sirtuinas no son los únicos involucrados en el tema de la meditación y la longevidad. Otro químico importante anti-edad, el óxido nítrico, es esencial para la correcta función del sistema inmune, el cerebro, los pulmones, el hígado, el páncreas y las arterias. Este se incrementa significativamente por la meditación regular. Regula la presión sanguínea, es un antioxidante antibacteriano, mejora la transmisión entre los nervios y las células, dilata los vasos sanguíneos, activa la erección masculina, entre otros beneficios.

Antes se pensaba que la mejor forma de promover un incremento del óxido nítrico era a través de una restricción rigurosa de calorías. Pero, en 2007, 88 tibetanos fueron sometidos a un examen sanguíneo según una investigación americana. Los investigadores encontraron que los individuos tenían 1000% más óxido nítrico en su sangre que lo normal. Se concluyó que a parte de la meditación, la elevada altitud también tenía un efecto. Luego, otro estudio realizado por la Universidad de Ohio en 2014, llevó a un grupo de practicantes de meditación principiantes a implementarla a altitudes regulares. Se encontró que tenían un 213% de incremento del óxido nítrico.

Pero los beneficios de la meditación como clave frente a la longevidad no terminan aquí. La meditación alarga los telómeros, que son una especie de tapas protectoras al final de cada hebra en el ADN. Estos, protegen a nuestros cromosomas de diversos daños, tal como las puntas plásticas de las agujetas que evitan que se deshilachen.

El ADN es el material genético que conforma a cada célula de nuestro cuerpo. Nos hace ser quienes somos. Las células de cada parte de nuestro cuerpo fueron diseñadas y creadas por nuestro ADN.

Para regenerarse, las células se copian a sí mismas. Este proceso ocurre de forma continua a lo largo de toda nuestra vida. Cada momento en que una célula se copia, los telómeros se van reduciendo, hasta que eventualmente están tan reducidos que el ADN está más expuesto para sufrir algún daño.

No solamente la edad reduce a los telómeros, también el estrés, las malas dietas, la falta de ejercicio, la obesidad y el cigarro tienen un efecto significativo en eso.

Científicos de la Universidad de California-Davis descubrieron que las personas que meditaban tenían más leucocitos (glóbulos blancos) y con telómeros más largos y fuertes que un grupo control. La razón de esto, nuevamente se atribuía a la reducción de estrés.

Antienvejecimiento en la piel

Otro gen afectado por la meditación es el NF-kB, y es el responsable de acelerar el envejecimiento de la piel. Estudios científicos han demostrado que la meditación lo desactiva. Y es que el gen causa inflamación crónica, activándose por muchos factores como el azúcar procesado, las malas dietas, sueño insuficiente, fumar, la luz solar, toxinas del ambiente y el campeón de todos: por el estrés. Entendiendo que la meditación reduce de forma importante nuestros niveles de estrés, reduciendo también el cortisol y alterando nuestra respuesta cerebral al miedo, es posible desactivar las funciones del gen NF-kB.

Dolor y enfermedades

Las personas que sufren de dolor crónico, muchas veces solo se acostumbran a vivir con ello. Se ha demostrado que la meditación tiene efectos significativos para reducir el dolor, ocurriendo de distintas formas:

- La meditación modifica las vías neurales dentro del cerebro; lo que en cierta forma puede anular los procesos de conciencia del dolor. Imágenes de resonancia magnética en 18 pacientes se realizaron y evaluaron por la Wake Forest University en 2011. Después de solo 4 días de meditación, los centros de dolor en los cerebros de los pacientes se encontraban un 57% menos activos.
- El estrés lleva a nuestro cerebro a liberar cortisol. Esto, luego lleva a incrementar la inflamación, elevar la

presión arterial, incrementarla frecuencia cardiaca y además puede llevar a episodios de dolor importante. La meditación reduce el estrés y la liberación de cortisol, lo que en consecuencia, resulta en una reducción del dolor.

- Cuando se experimenta dolor, la mayoría de nosotros buscamos todo tipo de "calmantes" en el botiquín del baño. El problema con esto es que los medicamentos siempre traen toda una lista de efectos secundarios molestos. Pueden dañar nuestro organismo, crear dependencia o incluso una adicción. También pueden bloquear nuestros sentidos, y es claro que resuelven un síntoma rápidamente, pero no combaten su origen. La meditación funciona de una manera muy diferente, ya que esta libera endorfinas, unas sustancias naturales en el organismo y que combaten el dolor. No tienen efectos secundarios y estimulan a nuestro organismo en su capacidad de sanación.

Sistema inmunitario

La meditación no solamente nos ayudará con el alivio del dolor, sino que también le da al sistema inmunitario un impulso significativo. Y es que el estrés y un sistema inmunitario débil van de la mano.

Un ejemplo interesante es el caso de un holandés llamado WimHof o "el hombre de hielo". Utilizando la meditación, él ha entrenado su cuerpo a soportar temperaturas extremas bajo cero. Por otro lado, los médicos le han inyectado bacterias causantes de síntomas de resfriado y no ha mostrado respuestas a la enfermedad. Así, ha demostrado que su sistema inmunológico es tremendamente eficiente.

En la Universidad de Wisconsin-Madison, se realizó un estudio en 25 empleados sanos. Practicaron meditación consciente por 8 semanas. El estudio encontró que la meditación activaba un área importante de su cerebro y que está ligada al funcionamiento del sistema inmunológico. Esto también mostró una respuesta de los anticuerpos muy poderosa cuando a los participantes se les aplicó una vacuna de la gripe.

Células T y anticuerpos
También son optimizados mediante la meditación al mejorar el sistema inmunológico. Las células T y los anticuerpos trabajan como sistema de defensa de nuestro organismo. Son como soldados que nos defienden de amenazas por virus, bacterias y gérmenes. El verdadero poder de esto se ha demostrado en estudios médicos realizados en personas con VIH. Uno de estos estudios, desarrollado por la Universidad de California en Los Ángeles (UCLA) se aplicó en 50 hombres VIH positivo. El estudio encontró que con solo30 o 45 minutos de meditación consciente por día, lapérdida de células CD4 T que normalmente ocurre por el ataque del virus, era notoriamente menor. En algunos casos, la meditación incluso les ayudó a detener la progresión de la enfermedad en su conjunto.

Dolor de cabeza

La investigación llevada por el Dr. Herbert Benson, la Lic. Helen P. Klemchuck y el Dr. John R. Graham, encontró que la práctica regular de meditación puede reducir el dolor de cabeza en un 37% o más. El estudio también mostró que algunas formas de meditación eliminaron de forma completa los dolores de cabeza en algunos pacientes.

Los dolores de cabeza tienen un gran número de causas, entre ellas se encuentra la tensión, particularmente en el rostro, mandíbula y cuello. Ya que la meditación relaja el cuerpo completo, esto puede aliviar el problema, en este caso, los dolores de cabeza.

Cerebro

Se ha visto que la meditación tiene diversos efectos impresionantes en el cerebro. Los patrones de onda cerebral de alguien con un cerebro enfermo o desequilibrado, muestran que los dos hemisferios del cerebro están desbalanceados. Un lado trabaja más que el otro, o sea, no están sincronizados.

El hemisferio izquierdo es responsable del pensamiento lógico matemático, científico y práctico. Por otro lado, el hemisferio derecho se encarga del pensamiento intuitivo, creativo y abstracto. Mediante la meditación, las ondas cerebrales pueden transformarse, llevando a ambos hemisferios a estar más balanceados. Esto permite al cerebro reorganizarse y crear nuevas redes neuronales, llevando así a los hemisferios a trabajar y comunicarse de forma conjunta. A esto se le conoce como "sincronización cerebral completa".

Los beneficios obtenidos por la sincronización cerebral completa, incluyen un incremento significativo en su capacidad de fortalecerse y de crecer. También incrementa la neuroplasticidad del cerebro, que refiere a que tu mente está más despierta, permitiéndote estar más enfocado y con pensamiento profundo. Mejorará tu memoria, tu intelecto, tu desempeño cognitivo y en general, mejorará tu salud mental. Nos hace más felices, con menos sentimientos de ansiedad, ira, depresión o adicción.

Entre más meditación hagamos, más de estos efectos podremos ver. Cabe decir que la evidencia de todo esto está respaldada por cerca de 1000 estudios en neurociencia.

Hormonas y químicos

Muchas de las hormonas y otros químicos importantes en nuestro organismo son afectadas directamente por la meditación.

- *Hormona del crecimiento.* Después de la pubertad, esta hormona es la responsable de mantener nuestros tejidos corporales fuertes, saludables y jóvenes.
- *Melatonina.* Responsable del sueño, pero también para regular los ciclos menstruales femeninos, estimular la producción de glóbulos blancos, y ayuda a los pacientes con algún tipo de desorden de déficit de atención y/o hiperactividad. También minimiza la pérdida ósea y puede ayudar en la prevención y tratamiento de algunos tipos de cáncer, en depresión, síndrome del intestino irritable entre otros.
- *Dehidroepiandrosterona.* Esta, mejor

conocida como DHEA o también "la molécula de la longevidad", contrarresta los efectos del estrés. A medida que se envejece, la producción de la DHEA también decrece, sin embargo la meditación puede tener un importante efecto en esto. Ayuda a combatir la depresión, a la pérdida de peso, normaliza la función de la glándula suprarrenal, mejora el desempeño sexual y la libido, ralentiza el envejecimiento cerebral, disminuye la progresión del VIH, combate la diabetes, contribuye a la mejora en algunos tipos de cáncer, previene la resistencia a la insulina, reduce el colesterol, y tiene numerosos efectos benéficos en el lupus, eczema, asma, urticaria y neumonía.

- *Serotonina y Acido Gamma Amino butírico (GABA).* Si tenemos bajos los niveles de estos químicos en el cerebro, seremos vulnerables al estrés, la ansiedad y la depresión. Tomar medicamentos para controlarnos no es lo más conveniente, ya que llevan a sentirse como una especie de zombi, somnoliento, con pérdida de memoria, confusión, mareos, falta de concentración, visión borrosa, náuseas, fatiga, ganancia de peso y muchos otros que pueden incluirse. La triste verdad es que estudios clínicos han demostrado que estos medicamentos ni siquiera funcionan, pareciendo que más bien tienen un efecto placebo. Se tienen muchos estudios que demuestran que la meditación estimula estos importantes químicos cerebrales sin la necesidad de pastillas.

- *Endorfinas.* Junto con la dopamina, tienen un fuerte efecto en la sensación de felicidad. Las endorfinas son sustancias naturales anti-dolor; y son liberadas a través del ejercicio. Entre más ejercicio se realice, más endorfinas son liberadas, por eso el deporte puede hacerse adictivo. Un ejemplo interesante es que el nivel de endorfinas liberado a través de la meditación puede ser incluso mayor que por correr.

- *Cortisol.* El cortisol es la hormona del estrés. Afortunadamente la meditación reduce su producción. Esta sustancia puede tener efectos muy negativos en el organismo.

¿Cómo se pueden comprobar todos los puntos anteriores? la meditación, al igual que cualquier otro pensamiento que se tiene, tiene un efecto directo en nuestro organismo, desde el sistema inmunitario hasta los órganos, tejidos y células.

Sueño y relajación

El sueño no solamente se trata de cuántas horas dormimos cada noche; sino de la calidad del sueño que se tiene. Tal como dice el viejo dicho: "la calidad sobre la cantidad", y es que el cerebro requiere de las diferentes etapas del sueño para regenerarse. Además, es esencial para el bienestar físico, mental y emocional del individuo. Los científicos han llevado a cabo estudios del sueño por muchas décadas y entienden bien sus procesos.

La producción de la melatonina se incrementa con la meditación y contrariamente, se reduce con el estrés. La melatonina es crítica cuando nos vamos a dormir.

La Universidad Rutgers llevó a cabo un estudio que demostró que la meditación impulsaba los niveles de melatonina entre 90 y 300%, lo cual es mucho más efectivo que algún tipo de suplementos. Esto ocurre porque la melatonina es requerida en el cerebro, y la que está presente en el cuerpo, no puede atravesar la barrera de sangre cerebral. Esto lleva a que los suplementos sean completamente inefectivos para incrementar los niveles de melatonina en el cerebro. Por ello, es necesario darle al órgano lo necesario para que produzca melatonina por sí solo.

Cuando no podemos dormir, las ondas cerebrales tipo beta, conocidas por ser dominantes cuando estamos ansiosos o deprimidos, están operando. Entre más nos estresemos de no poder dormir, se hará más difícil hacerlo. Los practicantes de meditación generan pocas ondas beta, y muchas de tipo alpha, theta y delta. Estas últimas, contribuyen a los deseos de calma e incrementan nuestro sentido del placer. También, nos permiten dormir mejor.

Cuerpo

La meditación incrementa nuestros niveles de energía. Nos ayuda a mantener un corazón saludable, mejora la circulación, reduce la respiración (y en consecuencia el consumo de oxígeno), reduce el dolor y la tensión muscular. Puede ayudar a la salud general.

- Incrementa la energía.Existen muchas formas donde se ha demostrado que ayuda a incrementar los niveles de energía.

- La reducción en la producción de cortisol incrementa los niveles de energía alrededor del 50%.
- El incremento en endorfinas liberadas, resulta en un aumento de energía.
- Buena calidad de sueño profundo. Entre más energía acumulamos dormidos, más energía tenemos durante el día.
- La DHEA, uno de los químicos

cerebrales producidos por la meditación, también se conoce que tiene efectos en la energía y vitalidad. Por esta razón,es frecuentemente un ingrediente en los suplementos energéticos, que por supuesto son mucho menos satisfactorios por sus efectos secundarios a largo plazo.

- La producción de la hormona del crecimiento incrementa, impactando en la reducción de la fatiga. Como nuestro cuerpo produce menos DHEA y hormona del crecimiento a medida que envejecemos, también nos hacemos más letárgicos y con facilidad para la fatiga. La meditación puede revertir esto.

- Salud cardiaca. El Dr. Carl Stonier, un psicólogo de la Universidad de Hull, realizó un estudio en 40 pacientes con enfermedades cardiacas a lo largo de un año. La mitad del grupo practicaba meditación guiada de forma regular, mientras que la otra proporción solamente recibía acompañamiento psicológico durante el tratamiento. Seis de los pacientes en el grupo de meditación fueron retirados de la lista de espera de cirugía cardiaca. Además, ninguno de los pacientes de este grupo murieron, a pesar de que muchos de ellos estaban en la lista de trasplante de corazón antes del estudio. Por otro lado, seis de los pacientes del grupo que solo recibía acompañamiento fallecieron por causas ligadas al corazón. Los pacientes en el grupo de meditación fueron también capaces de reducir de forma significativa (o incluso totalmente) su dependencia a la medicación. Por los sorprendentes resultados de ese estudio, a los pacientes restantes del grupo que no meditaba, luego se les incluyó esta actividad en su terapia.

Pero ese estudio no es el único en el tema.Se ha demostrado que la meditación puede mejorar la circulación y la frecuencia cardiaca. Esto simplemente se atribuye a la capacidad de la meditación para relajar la mente y producir un balance químico correcto que relaje naturalmente y reduzca la frecuencia cardiaca y respiratoria. Esto, consecuentemente permite al corazón y a los pulmones trabajar de forma más eficiente y tener más oxígeno circulando en el cuerpo (al reducir su consumo).

La meditación es recomendada para todas las edades, y se ha demostrado que puede ser muy beneficiosa para aquellos en edades avanzadas. Ayuda a la memoria, al sistema digestivo, activa los químicos cerebrales relacionados con la felicidad y mejora la función cerebral, enfocando la mente a medida que se libera del estrés. Todo esto es tremendamente beneficioso para la salud de todas las personas.

Sistema reproductivo

- Síndrome premenstrual (SPM). No solo implica cambios de humor. También incluye otros síntomas físicos y psicológicos como hinchazón, dolores de cabeza, insomnio, ansiedad y depresión. Casi todas las mujeres han experimentado el SPM en algún nivel durante su vida. Los doctores han intentado prescribir distintos medicamentos para contrarrestar algunos de estos síntomas, y que están ligados a un desequilibrio hormonal. La meditación puede reducir la tensión, la ansiedad y la depresión. Puede ayudar a quien sufre SPM a reducir la irritabilidad, a estar más feliz y más relajada.

- Libido e impulso sexual. Esto también puede beneficiarse con la meditación. Cuando nos sentimos estresados, la sangre se acumula en los órganos más grandes. Esto lleva a que tanto nuestra energía como las emociones se drenen. Practicar meditación reduce el estrés y energiza nuestro cuerpo y mente, que luego se traduce en nuestro impulso sexual.
- Infertilidad. Lamentablemente, existen muchas causas físicas de infertilidad presentes en los hombres y las mujeres, aunque cabe decir que también se tienen causas emocionales. Cuando nos estresamos, nuestros cuerpos "apagan"

funciones no esenciales, y esto puede llevar a la dificultad para concebir que puede llevar a una pareja a desesperarse para conseguirlo. Esto, obviamente lleva a ansiedad y más estrés que solo exacerba el problema. El estrés agudo no solo causa infertilidad, sino que también puede producir abortos involuntarios. Ya que la meditación reduce el estrés, en el caso de la infertilidad puede producir mejoras significativas, además de reducir los riesgos de pérdida.

- Embarazo. Los tantos beneficios de la meditación son maravillosos, no solo para la madre gestante sino para el feto por nacer. Se recomienda durante todas las etapas del embarazo para formar un fuerte vínculo entre la madre y el bebé. También funciona como un antidepresivo natural, eliminador del estrés y bloqueador el cortisol. La futura madre tendrá más energía, se sentirá más feliz y tendrá un sueño inmejorable.
- Parto. Se considera que no solo el

incremento de los niveles de dopamina y endorfina (que ayudan a controlar el dolor de forma natural), sino también los procesos de meditación, ayudan a la futura madre a enfocarse en la respiración y en su cuerpo durante el parto. Las técnicas de visualización son muy beneficiosas.

Capítulo 5. Los diferentes tipos de meditación

Existen dos "tipos" de meditación. Una es la de monitoreo abierto y la otra de atención enfocada. En la primera, permites que pensamientos y sentimientos entren a tu mente, aunque no les das importancia y luego los dejas pasar para poner de nuevo tu mente a la deriva. Piensa en esto más como si vieras nubes flotando y moviéndose junto con la brisa. Los sonidos y los aromas son reconocidos, pero al igual que con los pensamientos, no reaccionamos ante estos. Este tipo de meditación se practica en la meditación consciente plena (*Mindfulness* en inglés), en Vipassana y algunas formas de meditación Taoísta.

Por su parte, las técnicas de meditación con atención enfocada involucran concentrarse en una cosa durante el proceso. Esto puede ser un objeto, mantra, respiración, visualización o una parte del cuerpo. Es extremadamente difícil empezar con esta, ya que hay que evitar que los pensamientos y otros factores externos entren a la mente. Pero estas distracciones pueden irse reduciendo a medida que progresamos en la técnica, y que puede llevar años alcanzar. Algunos ejemplos de este tipo de meditación incluyen: la de Mantra, la Samatha, Chakra, Zazen, la de la bondad amorosa, la Kundalini, Pranayama, Qigong y la de sonidos.

A continuación se revisan más detalles de los tipos comunes de meditación:

1. **Meditación consciente plena (*Mindfulness* en inglés).**

Se trata de una técnica de monitoreo abierto. Trata sobre estar "en el momento", de estar consciente de las cosas que nos rodean, pero no ser reactivo ante ellas. Esto incluye no solo a los sentidos (vista, oído, tacto, gusto) sino también a los pensamientos y emociones.

2. **Vipassana.**

Se trata de otra técnica de monitoreo abierto. Involucra ver las cosas como son realmente, lo que requiere una total eliminación de prejuicios e impurezas mentales para así poder alcanzar una liberación y felicidad. Se enfoca sobre la conexión entre la mente y el cuerpo a través de una atención disciplinada. Se basa en la observación, y enseña a entender los propios sentimientos y pensamientos, ayudando a liberarnos del sufrimiento, incrementando la conciencia y el autocontrol. Con la práctica, se puede alcanzar una mente bien equilibrada y llena de amor y compasión.

3. Taoísta.

Es de tradición china y se basa en las filosofías del Taoísmo y el Daoísmo. Su enfoque es vivir en armonía con la naturaleza, pero también las influencias budistas están presentes.

Este tipo de meditación trata sobre la generación de energía interna, la transformación y la circulación. Se centra en calmar la mente y el cuerpo, la unificación del cuerpo y el espíritu y encontrar la paz interna. También puede enfocarse en mejorar la salud y prolongar la vida.

4. Mantra.

Un mantra es una palabra, frase o sonido que se repite continuamente durante la meditación. Se deriva del sánscrito y tiene dos raíces: *man* (que significa mente o pensar) y *trai* (que significa liberarse de, protegerse o herramienta/instrumento). Así, la traducción literal de *mantra* es "una herramienta para liberar la mente".

Este tipo de meditación es practicada por distintas tradiciones contemplativas, culturas y religiones alrededor del mundo.

Los mantras pueden ser palabras que no tienen significado o que solamente aportan un sonido de gran calidad. Pueden ser enunciados completos cortos o largos, simples palabras o incluso solo sílabas. Algunos mantras son recitados por un meditador y otros solo son escuchados. Pueden hacerse rápido si el objetivo es crear energía y entusiasmo, o de forma lenta, cuando se busca alcanzar paz y calma. Pueden estar también vinculados a otras técnicas como las de respiración, visualizaciones o chakras.

5. Zazen.
También conocida como Zen o budista. Está basada en las "4 nobles verdades" que son:
- Vivir significa sufrir.
- El origen del sufrimiento es el apego.
- La suspensión del sufrimiento es alcanzable.
- El sendero a la suspensión del sufrimiento.

Zazen significa "meditación sentado" en Japonés, y proviene del Budismo Zen chino.

6. Meditación de la bondad amorosa (*Metta*).
Metta significa bondad, buena voluntad y benevolencia; y es una palabra proveniente de la lengua Pali de la India. Tiene sus orígenes en las tradiciones budistas del Tibet y del Theravada. Se basa en la idea de la meditación de compasión, con el objetivo de desarrollar emociones positivas, amorosas y de aceptación hacia sí mismo y hacia los demás.

7. Meditación Trascendental.
Esta es una forma específica de meditación

de los mantras, y fue desarrollada en la India por el Yogi Maharishi Mahesh en 1955. Más tarde, ganó popularidad en Occidente a finales de la década de los años 60 y 70 por famosos del momento como The Beatles y The Beach Boys.

Se estima que hay más de 5 millones de personas que practican este tipo de meditación en el mundo, y hay cerca de 600 artículos científicos publicados sobre los beneficios obtenidos con este tipo de meditación.

Sin embargo, la meditación trascendental solo puede aprenderse al acudir a un curso especializado que suele ser muy costoso. Se ha asociado con actividades de culto, por lo que se ha puesto en duda la legitimidad de algunas investigaciones. Es una actividad rodeada de muchas críticas.

8. Meditación del Yoga.

Existen varias meditaciones asociadas con el yoga, que en sí mismo significa "unión" y es una forma de ejercicio que emplea posturas físicas, respiración y meditación contemplativa.

Se cree que es la forma más antigua de meditación sobre la Tierra y tiene una amplísima variedad entre sus prácticas.

9. Yo soy.

Proviene de la traducción del sánscrito que investiga nuestra verdadera naturaleza, llamada "atmavichara" o "¿quién soy yo? Encuentra esta respuesta a través de la meditación, mientras se desarrolla un cercano autoconocimiento. Tuvo popularidad en el s. XX debido a un sabio indio llamado RamanaMaharshi. Existe hoy un movimiento que está muy inspirado en sus enseñanzas, llamado el movimiento de la no-dualidad o neo-advaita, y hay varias formas practicadas por maestros contemporáneos, incluyendo: Mooji, Adyashanti y EckhartTolle.

10. Qigong (Chi Kung).

Proviene del chino y significa "el cultivo de la energía vital". Es una mezcla de ejercicio, meditación y artes marciales. Desarrollado para la salud de la mente y el cuerpo, incorpora movimientos corporales muy lentos, regula la respiración y fortalece el enfoque interior.

Algunas prácticas daoístas también incorporan el Qigong, pero también es utilizado como método independiente.

11. Meditación cristiana.

En las tradiciones meditativas de Oriente, el propósito de la meditación es llegar a la "iluminación". No obstante, en las tradiciones cristianas, es más común que la meditación sea practicada para otros propósitos, como lograr un entendimiento más profundo, la purificación moral o la cercanía con Dios. Esto puede tomar diversas formas, incluyendo la repetición en silencio de una palabra y oraciones con un significado sagrado para centrar la devoción. La contemplación, que implica la lectura y el pensamiento sobre las enseñanzas y eventos descritos en la Biblia, así como la meditación silenciosa (conocida también como "sentarse con Dios"), llevan a la mente, al corazón y al alma a enfocarse en la presencia de Dios.

12. Meditación guiada.

Estupenda opción para los principiantes, se practica utilizando muchas de las diferentes tradiciones ya repasadas. En esta, un guía o maestro te conduce en el proceso meditativo.

Debido a que la meditación requiere de disciplina para tener el tiempo y la motivación necesarios, unirse a un grupo de meditación en tu localidad o incluso *on line* donde puedas practicarla en compañía, puede ayudarte a que comiences a involucrarte en ella.

Recuerda que no tienes que seguir un tipo específico de meditación, solo haz lo que sientas es lo mejor y simplemente busca un lugar tranquilo donde no tengas distracciones. Utiliza un reloj para establecer el tiempo que consideres necesario para la meditación y escoge cuál quieres practicar, si alguna de monitoreo abierto o de atención enfocada.

Capítulo 6. Eligiendo la técnica de meditación más apropiada

Meditación consciente plena (Mindfulness, en inglés)

Esta es probablemente una de las formas más simples de meditación para un principiante. Puede practicarla cualquiera que desee beneficiarse física y mentalmente de la meditación. Se emplea en todo tipo de lugares, incluyendo: escuelas, hospitales, negocios, grupos comunitarios y otros. No requiere estar unido a una religión o creencia; aunque si se busca un desarrollo espiritual es igual de relevante. Puede ser un primer paso para la meditación, o puede ser tu meditación preferida y que siempre realices.

Vipassana

Este tipo de meditación es excelente como ayuda para que te centres en tu cuerpo y comprendas tus procesos mentales. Los maestros de Vipassana no son difíciles de encontrar, y también es posible ver videos en línea o asistir a retiros. Siempre hay formas gratuitas de aprenderlo y no hay rituales que se practiquen con este tipo de meditación. Como con el caso de la meditación consciente plena, es una buena opción para comenzar el viaje a la meditación.

Taoísta

La naturaleza y estar conectado al cuerpo es el enfoque real de este tipo de meditación. También es útil para todo aquél que disfrute el Tai Chi u otro arte marcial. En este caso, es un poco más difícil encontrar maestros que te ayuden a establecerte con este método.

Mantra

Si tienes un cerebro que no se detiene y crees que tu mente es muy activa como para aprovechar los estilos de monitoreo abierto, entonces la meditación mantra es lo que necesitas, ya que tendrá tu mente ocupada en algo a parte de solo respirar. Así, el enfoque que se le pide a la mente para concentrarse en procesos de pensamiento, puede ayudar a recuperar el control. Algunas personas practican ambos tipos de meditación dependiendo su estado mental.

Zazen

Hay mucha información disponible sobre la meditación Zazen (o Zen). Aunque es en gran medida una práctica budista, también puede encontrarse en muchas otras comunidades. El énfasis aquí es mantener una postura erguida para ayudar a la concentración. Tiene un estilo más bien sobrio y trata sobre aclarar la mente. El Zazen en ocasiones puede incorporar otros elementos, incluyendo: cantos, rituales, lecturas grupales y las enseñanzas de Buda.

Meditación de la bondad amorosa

Beneficiosa no solo para cultivar la altruismo y el desapego, sino también para centrarse en sí mismo. Con este tipo de meditación, el enfoque está en el dar, que es una energía extremadamente positiva. Es casi imposible mantener sentimientos de negatividad, y es buena para las personas que carecen de confianza o autoestima; y para quienes sufren por ira, insomnio o pesadillas. Puede ser beneficiosa para las relaciones sociales también.

Meditación trascendental

Su aprendizaje solamente es posible con ayuda de un instructor certificado. Es costosa y lleva a cabo rituales. Se ha conectado a grupos de culto.

Yoga

Existen diversas formas de yoga, y muchas personas la practican junto con otras formas de meditación no física de forma compenetrada. Debido a que hay muchos tipos, y que las clases disponibles (en internet o presenciales) son ampliamente ofrecidas, el yoga es muy popular en un gran sector demográfico. Hay algo para todos. Recuerda que el yoga requiere de un cierto nivel y disposición física además de la actividad mental; siendo esencialmente una forma de ejercicio.

Yo soy

Este tipo de meditación puede ser difícil de entender y de seguir, por lo que las meditaciones guiadas en esta técnica son recomendadas. Esta puede realizarse utilizando videos de internet, donde un buen comienzo puede ser el sitio Mooji. Es una excelente forma de meditación si lo que se busca es alcanzar paz interna y liberación.

Qigong
Como con el yoga, el Qigong es también una forma de ejercicio. Esto la hace ideal para quienes se les dificulta sentarse por largo tiempo. Los ejercicios son simples, pero la técnica lleva tiempo para dominar. Hay clases disponibles, DVD´s, o el internet, que también contiene varios recursos en YouTube. Cabe señalar que el Tai Chi es una forma de Qigong.

Meditación cristiana
Si estás más interesado en la fe cristiana, posiblemente estés atraído a este tipo de meditación. Se utiliza para reflexionar sobre la Biblia y sus enseñanzas, sobre Dios o Cristo.

Meditación Guiada
Si no sabes por dónde empezar o tienes dificultades para sacar lo mejor de la meditación, algunas meditaciones guiadas quizá te pueden ayudar. Puedes encontrar ofertas en grupos de tu localidad, y que también puedes complementar con videos

del internet. Algunos tipos de meditación guiada se enfocan en necesidades en particular, tales como trabajar un trauma o aumentar la autoestima. Existen muchas opciones diferentes, por lo que no será difícil encontrar una acorde para ti.

Capítulo 7. Cómo meditar

En este apartado se describe cómo practicar los diferentes tipos de meditación. Podrás darte cuenta que hay formas muy similares, mientras que otras tienen claras diferencias. Es probable que algunas te sean más atractivas que otras, y no dejes de considerar la idea de intentar algunas meditaciones guiadas mientras comienzas este camino. Podrás encontrar recursos en internet (YouTube especialmente), o también puedes comprar algún CD o DVD para practicar la meditación guiada. Y como se señalaba, puedes también unirte a un grupo para aprender y beneficiarte de la meditación presencialmente con un maestro.

***Meditación consciente plena (Mindfulness,* en inglés)**

Este tipo de meditación está enfocada en relajar y calmar la mente. La consciencia plena, el acto de estar presente mas no reactivo, puede practicarse en todo momento. Es como poner una barrera entre nosotros y nuestras reacciones, dejándonos imposibilitados a sobrerreaccionar hacia cualquier situación.

1. Haz un espacio en tu agenda para meditar, ya sea que lo anotes, que guardes una alerta en tu celular...lo que sea necesario. Lo importante es que programes ese tiempo y que no tengas excusas para no realizarla.
2. Siéntate cómodamente en posición erguida, ya sea en un cojín, una silla o el piso.
3. Observa lo que está ocurriendo a tu alrededor en el momento presente. No reacciones, solo observa.
4. Escucha tu respiración, su ritmo y constancia.
5. Permite que tus pensamientos y sentimientos pasen y se vayan, sin juicio alguno.
6. Si tu mente comienza a divagar, tráela de regreso a observar el momento, ese momento. Haz esto cada vez que te distraigas. Entre más practiques, menos distraído estarás.
7. No te juzgues a ti mismo o a cualquier pensamiento que tengas. Aprende a

reconocer cuando tu mente divaga y tráela de nuevo a enfocarse.

No es fácil evitar que la mente se desvíe continuamente. Como se señaló, entre más practiques será más fácil el proceso.

Vipassana

También conocida como meditación del auto discernimiento, es aquella que presta atención a las sensaciones. Es la forma de meditación ejecutada por Buda.

1. Siéntate con postura erguida y tu espalda sin apoyo.
2. Sé consciente de cómo respiras, enfócate en eso momento a momento y utiliza esto para estabilizar tu concentración.
3. Permítete sentir todas las sensaciones en tu cuerpo. Permite que pensamientos y emociones lleguen a tu mente, obsérvalos unos instantes y no te ancles a ellos. Sólo déjalos ir.
4. Cada vez regresa a concentrarse sobre tu respiración, y considera que otras sensaciones, sonidos o pensamientos no son más que ruido de fondo.
5. Una vez que has practicado esta técnica

por algunas ocasiones, puedes ir más allá y etiquetar lo que tus otros sentidos experimentan. Por ejemplo, si algo entra en tu mente se etiqueta como un pensamiento, sentimiento, memoria, etc. Y lo mismo ocurre con los sentidos, puedes etiquetarlos como: sonido, aroma, picor, dolor, etc. A esto se le llama notar u observar. Una vez que sucede la observación, envía de regreso a tu mente a concentrarse en tu respiración, ya que es su principal enfoque. No permitas que tus observaciones sean específicas, por ejemplo, si escuchas un auto, no lo notes como auto, simplemente reconócelo como sonido. Y lo mismo con el dolor, no especifiques (como dolor de espalda), solo es dolor.
6. A medida que tengas más experiencia haciendo esto, notarás que serás capaz de regresar tu concentración a su enfoque principal cada vez más rápido. Esto evitará que seas llevado por tus pensamientos.

Taoísta

Existen diferentes formas de meditación Taoísta, estas incluyen: la concentración, la visualización y la visión.

- Respiración. Similar a las anteriores (*Mindfulness* y Vipassana), la meditación por respiración se enfoca en el proceso de respirar. Aquí, la idea de respirar es hacerlo extremadamente suave. Esto puede realizarse solo observando la respiración o implementando patrones específicos de respiración.
- Vacío. En este tipo de meditación, el objetivo es que la mente se deshaga de toda imagen mental, pensamientos y sentimientos. Está diseñada para alcanzar una calma interior completa y olvidarse de todo lo demás. La idea de esta técnica es reponer el espíritu.
- Neiguan. Visión interior. Se trata sobre visualización interna, en pensar sobre el interior de la mente y el cuerpo, los órganos, los procesos. Se dirige al aprendizaje sobre la naturaleza del cuerpo. Este tipo de meditación no

puede aprenderse por sí sola y requiere de un maestro.

La meditación Taoísta debe llevarse a cabo sentado en el suelo con las piernas cruzadas y espalda recta. Los ojos están parcialmente cerrados y se enfocan en un punto al final de la nariz.

Mantra

Este tipo de meditación no siempre se enfoca a lo espiritual, y en lugar de eso, es común que se dirija a mejorar algún aspecto de nuestra vida, como mejorar la relajación, la salud o el desempeño o crecimiento personal. Así, puedes elegir cualquier mantra al que desees apegarte para tu objetivo. Recuerda que puede ser una oración, una palabra o sonido que resuene contigo. Intenta escoger palabras o enunciados que tengan significado y con un contenido que realmente conecte con lo que intentas alcanzar. Por ejemplo, si estás intentando llegar a un estado de calma, puedes usar palabras como seguridad, paz, calidez, hogar, o también la asociación de otras palabras que te lleven a eso como: sol, agua, pradera y flores.

Puedes visualizar las palabras en tu mente mientras las recitas.

Con la práctica, encontrarás que algunas palabras tendrán sonidos que resuenen más que otros. También luego puedes ajustar tu mantra para obtener mejores efectos.

Ten cuidado de utilizar palabras que puedan generar alguna forma de negatividad en ti. Nunca serán útiles.

Cuando encuentres un mantra que te ofrece el efecto correcto, apégate a este y verás que te ayudará más a lo largo del tiempo.

Si estás en búsqueda de un objetivo espiritual, la elección de tu mantra será diferente. Por lo común es mejor utilizar un mantra tradicional, ya que contiene su propia energía y ya ha sido probado por siglos. En este caso, es mejor utilizar el mantra en su forma original y no traducirlo. Intenta asegurarte de que utilizas una correcta pronunciación y entonación, esto, porque en los mantras el sonido que se hace es tan importante como los vocablos utilizados. Es importante también tener la vibración correcta del sonido.

Necesitarás hacer un poco de investigación para encontrar la tradición que te gustaría más seguir. Una vez elijas, será necesario encontrar un maestro que te apoye para elegir el mejor mantra para ti. Luego, cuando tengas tu mantra, este deberá ser secreto y no lo compartirás a los demás.

1. Siéntate cómodamente en posición erguida. Preferiblemente en el piso.
2. El mantra puede ser recitado a diferente velocidad según tus necesidades. Rápido para energizar o lento para calmarte. La longitud del mantra también tendrá un efecto automático sobre la velocidad.
3. Prueba recitando el mantra a diferentes velocidades y checa cuál se siente mejor. Las variaciones en la velocidad afectarán la forma en que el cerebro responde. Una vez que hayas empezado el mantra a cierta velocidad, apégate a esta. No permanezcas cambiando velocidades durante toda la sesión.

4. Si hay muchos pensamientos flotando intentando llenar la mente, solo "sube el volumen" en tu mente de lo que estás recitando. Esto ayudará a mantener tu mente ocupada. A medida que tu mente se pacifique, puedes decirlo cada más suave hasta que casi no puedas escucharlo.
5. Puedes escoger respirar a tiempo con tu mantra. Por ejemplo, si son pocas palabras, puedes inhalar mientras lo dices una vez y exhalar mientras lo repites. Si es muy corto, puedes decirlo dos veces mientras inhalas y dos veces mientras exhalas; y si es largo puedes decirlo una sola vez en un ciclo completo de inhalación y exhalación. Utiliza lo que mejor te acomode, es mejor que ocurra de forma natural sin pensarlo mucho.
6. Es importante mantener tu mente prestando atención a la repetición del mantra, sea que lo estés recitando o escuchando. Procura renovar tu enfoque en cada repetición.
7. Estás intentando unificar

completamente tu mente y convertirte en "uno" junto con tu mantra. De ahí que sea tan importante elegir el correcto. Si no sientes una conexión con este, no te beneficiará del todo.
8. Cuando tienes el mantra correcto, notarás con el tiempo que mantener el bienestar y estar en el momento se hace cada vez más fácil. Si tu mente comienza a divagar, entonces tráela de regreso al estado de concentración. No luches con ella porque incrementarás la tensión y la meditación no será constructiva.

Zazen (Zen)
Se trata de un tipo de meditación tradicional budista.
1. Primero, busca un lugar tranquilo que te permita estar alejado de toda distracción durante la meditación. Para los principiantes, es bueno quedar mirando hacia un muro blanco.
2. Asegúrate de que vistes ropa cómoda que no te produzca inquietud o incomodidad durante la meditación.

3. En la meditación Zazen, la postura es muy importante. Debe ser relajada y cómoda, pero también erguida y balanceada. Puedes realizar las posturas tradicionales mientras estás sentado en pose meditativa. A continuación, se describen las posiciones desde la más fácil hasta las que requieren más experiencia.

- Utiliza una silla. Asegúrate que estás sentado, erguido, y con ambas plantas de los pies tocando el suelo.
- Seiza. En esta posición, se emplea un taburete de yoga o meditación, que es un banco de muy baja altura en el que te sientas y estás levemente hincado con tus piernas por debajo del banco.
- Birmana. Siéntate en un cojín de meditación flexionando las rodillas como si fueras a cruzar las piernas, pero en lugar de que queden entrelazadas, deja tus pies en el piso frente a ti;uno detrás del otro y con rodillas apuntando hacia el suelo.
- Cuarto de loto. De nuevo, utilizando un

cojín de meditación, cruza las piernas de forma holgada frente a ti.
- Medio Loto. Al igual que el anterior, cruza tus piernas, pero en esta ocasión con un pie sobre el muslo contrario.
- Loto completo. También cruzando tus piernas. Y en esta pose, ambos pies se colocan sobre el muslo contrario.

4. Recuerda que debes mantener la posición escogida durante todo el tiempo de meditación. Asegúrate que es cómoda.
5. Tus ojos están medio cerrados; tu mirada está dirigida al piso a un ángulo de 45°. No mires nada más en particular, solo mantén la atención en ti mismo.
6. Coloca las manos sobre tu regazo dejando las palmas hacia arriba. Apoya tu mano izquierda sobre la palma de tu mano derecha y haz contacto entre ambos dedos pulgares.
7. Respira naturalmente. Para ayudar a enfocarte, puedes hacer un ejercicio de respiración. Cada vez que exhales,

cuenta un número. Haz esto cada vez hasta que llegues al diez y comiences de nuevo. Por ejemplo, inhala, y mientras exhalas cuenta 1. Inhala de nuevo y cuando exhales cuenta 2. Inhala por tercera vez y ahora exhalas y cuentas 3. Continúa así hasta que llegues al 10 y vuelve a iniciar. Si pierdes el conteo empieza de nuevo. Asegúrate en lo posible, de que respiras través de tu nariz principalmente (y muy poco por la boca).
8. Concéntrate no solo en tu respiración, sino también en tu postura. Asegúrate que estás sentado de forma erguida. Imagina que intentas tocar el cielo con la punta de tu cabeza. Verifica que tu espalda y cuello estén derechos y que tus manos y pies mantengan su posición.
9. Naturalmente, permite que los pensamientos lleguen y se vayan sin poner atención en ellos. No les prestes atención ni intentes hacer que se vayan, ya que esto solo hará que su enfoque sea más marcado. En lugar de

eso, trae a tu mente de regreso a las respiraciones y la postura. Esto será cada vez más fácil con la práctica.
10. Utiliza un medidor de tiempo para tu meditación para saber cuándo terminarla, o también puedes dejar eso naturalmente y parar cuando te sientas listo.
11. Cuando termines tu meditación, toma unos momentos para mover tu cuerpo y traerte de regreso al tiempo presente.

Meditación de la bondad amorosa

En este tipo de meditación, el propósito es generar sentimientos de amor y bondad hacia ti mismo y hacia los demás. A menudo vemos difícil sentir esto por nosotros mismos, pero es realmente muy importante hacerlo para alcanzar un lugar de felicidad y alegría. La meditación de la bondad amorosa es ideal para personas que tienen sentimientos de baja autoestima, dudas de sí mismos e inseguridad en general.
1. Busca una posición en la que puedas sentarte de manera cómoda durante

toda la meditación. Puedes también usar un cojín, un taburete de meditación o una silla de respaldo recto. Dobla una cobija alrededor de ti para proporcionarte más calidez.
2. Esta meditación tiene 5 fases. Es aconsejable colocar un medidor de tiempo que te de aviso al término de cada una, aunque también puedes dejar a tu sentido natural que te guíe cuándo hacer cambio. Para los principiantes, 5 minutos es un buen tiempo de dedicación para cada fase. Puedes utilizar aplicaciones de meditación disponibles para el celular o PC para ayudarte con esto.
3. Prepárate para la meditación trayendo tu atención al presente. Piensa en un "objeto que te provoque felicidad" para ayudarte a conectar al presente.
4. Ahora cierra tus ojos y empieza a pensar en tu cuerpo; te harás más consciente de éste. Comienza pensando en tus dedos de los pies y gradualmente llévate a tus pies, tobillos, piernas bajas, rodillas, muslos,

glúteos, pelvis, cadera, espalda, pecho, hombros, brazos, codos, muñecas, manos, dedos, cuello y finalmente, tu cabeza.

5. Manteniendo los ojos cerrados, comienza la primera fase de meditación. Dirige los pensamientos de bondad amorosa hacia ti, ¿cómo? Hay varias maneras. Intenta pensar en un momento en que antes hayas sentido esto. Utiliza palabras o una frase para repetir y que exprese la bondad amorosa como "Que sea feliz" o "Que sea amado" por ejemplo. Puedes también imaginar a alguien comunicando la bondad amorosa a ti. La forma en que nos sentimos sobre nosotros mismos afectará la forma en cómo tratamos a los demás. Permite que los sentimientos de amor que alguien tiene de ti sean aceptados completamente.

6. Ahora llévate a la fase 2. Cultiva sentimientos de bondad amorosa hacia alguien a quien ya tienes sentimientos, como un amigo, colega o maestro por

ejemplo. Cuando te inicias en la práctica de este tipo de meditación, es mejor no visualizar una pareja, hijos o padres en esta etapa ya que la relación con ellos es muy cercana y compleja. Por eso, es que se aconseja elegir a alguien con quien lleves solo una buena amistad.

Reflexiona en las cualidades de esa persona o visualízala irradiando alegría.

7. Para la fase 3, cultiva la bondad amorosa hacia una persona neutral. Alguien que no te cause gusto o disgusto. Puede ser alguien a quien ves regularmente, como un vecino, un encargado de la tienda o el miembro de un club u organización de la que formas parte.

8. En la fase 4, lleva tu bondad amorosa hacia una persona hostil, sí, a alguien con quien experimentes dificultades. Esto puede ayudarte a alcanzar un estado de perdón si esa persona te lastimó. También puede ayudar a que tu relación con ella sea mejor.

9. En la fase final, piensa en la bondad

amorosa sobre los 4 juntos: tú mismo, tu amigo, la persona neutral y tu enemigo. Ahora, lleva estos sentimientos hacia una visión más amplia, como el mundo, la humanidad y la naturaleza.

10. Cuando hayas terminado, abre tus ojos, reflexiona en tu meditación y tráete de vuelta a enfocarte en el presente mirando a "tu objeto de felicidad". Recuerda utilizar la bondad amorosa en tu vida diaria, no solo en la meditación. Al igual que otras técnicas, medita regularmente para obtener máximos beneficios.

Yoga

Existen diferentes formas de yoga, de manera que aquí solo se repasarán algunas utilizadas en este tipo de meditación.

- *Meditación Chakra.* Existen 7 chakras (centros energéticos) dentro del cuerpo. La meditación se realiza empleando mantras específicos a cada uno de estos.
- *Meditación del tercer ojo.* El tercer ojo

es un punto ubicado en la frente justo entre ambas cejas. La atención es enfocada fuertemente en este punto con el objetivo de silenciar la mente. Con la práctica, es posible alcanzar cada vez lapsos de silencio más largos entre los pensamientos. Los ojos están generalmente cerrados durante el proceso.
- *Meditación de sonidos (Nada yoga).* Como su nombre lo indica, este tipo se enfoca en el sonido. Generalmente comienza con el uso de música suave y calmada, mientras el practicante enfoca su atención en escucharla completa y abiertamente para calmar su mente. Con el tiempo, esto puede ajustarse a escuchar sonidos corporales internos y de la mente.

Yo soy

Al utilizar la pregunta: "¿Quién soy?", rechazas todas las posibles respuestas verbales que pudieras responder. Entonces, usas la pregunta para enfocar tu atención en el estado subjetivo de "Yo soy". Explóralo profundamente en cuanto a sentimientos, no palabras. En algún momento, la verdad será revelada. Esto se basa en experiencias que has tenido y la percepción que tienes de estas. Cuando experimentes un pensamiento o sentimiento pregúntate: "¿Para quién es este pensamiento o sentimiento?" y la respuesta siempre es: "es para mí". Aunque suena simple, este tipo de meditación es complicada de entender, por lo que se recomienda te apoyes en diversos recursos.

Qigong

Esta forma de meditación tiene miles de ejercicios asociados; siendo que solo en respiración, se tienen más de 80 métodos diferentes. Estos incluyen ejercicios para fortalecer y energizar el cuerpo, y otros para enfocarse en la restauración y reparación.

Puede practicarse sentado o de pie, o utilizando un movimiento específico. Puedes averiguar más de esta técnica en videos de YouTube o DVD´s. Generalmente, se realiza sentado y sin hacer movimientos específicos.

A continuación, un ejemplo de estos ejercicios.
1. Comienza sentándote en una posición cómoda. Asegúrate que tu cuerpo está centrado y equilibrado.
2. A continuación verifica que todo tu cuerpo está relajado. Trabaja desde tu cuerpo externo hasta tu cuerpo interno, donde están los órganos e incluso llegar a los nervios.
3. Mantén una respiración regular, profunda, prolongada y suave.
4. Mantén la mente calmada.
5. Ahora, presta atención a tu centro bajo de gravedad, ubicado a unos 5 cm por debajo de tu ombligo. Esta es la raíz de tu energía vital. Enfocándote en esta área, estás acumulando energía para reponer tu reserva natural de energía. Siente esta energía circulando por todo tu cuerpo.

Meditación cristiana

Existen muchas formas dentro de esta práctica; se revisan algunas a continuación.

- *Oración contemplativa.* En esta, palabras o enunciados se repiten por 10 o 30 minutos. Estas palabras pueden ser: Señor, Padre, Jesús, amor, misericordia, etc., y los enunciados pueden ser: "Nuestro Señor Jesucristo, apiádate de mí". No se repiten de forma mecánica, sino que tienen emoción y un fuerte enfoque. Cada repetición es como una nueva oración, y cuando cualquier otra imagen, emoción o pensamiento entra a la mente, el enfoque es devuelto a llevar a las palabras sagradas.
- *Lectio Divina.* Significa "palabra divina" o "lectura divina". Se repasa y memoriza un pasaje corto en las escrituras y luego se repite en silencio por cierto tiempo. Todo pensamiento, idea o imagen que aparezca relacionado a ese pasaje está permitido; de modo que algunos visualizan escenas referentes a la vida de Jesús u otras historias de la Biblia.
- *Lectura contemplativa.* Involucra la contemplación profunda de textos de la

Biblia o de Santos cristianos enfocándose en el significado que hay tras las palabras. El objetivo es acrecentar la relación con Dios.
- *Sentarse en la presencia de Dios.* Esto normalmente comienza con una oración o lectura contemplativa para calmar y unificar la mente. El enfoque de atención es luego dirigido hacia la grandeza de Dios y en estar en su presencia con cada gramo del ser, el corazón, el alma y la mente. Debes de estar completamente rendido ante Él, y toda emoción o pensamiento que se manifieste, entrégaselo a Dios.

Meditación Guiada

Existen diversas meditaciones guiadas disponibles gratis en YouTube u otros sitios de internet en meditación. Puedes también hacerte de algunos archivos de audio, podcasts, CD´s y DVD´s. También puedes visitar centros de meditación y unirte a una sesión grupal.

La meditación generalmente seguirá alguna de las escuelas como las que se indicaron con anterioridad.

Puede tomar distintas formas. Primeramente, el instructor te habla para guiarte en llevar tu atención y enfocarte en un estado meditativo. Se habla muy ocasionalmente, y usualmente hay música de fondo. Un método diferente llamado "imágenes guiadas" te ayudará a utilizar tu imaginación para visualizar objetos, entidades o incluso viajes enteros. También hay "afirmaciones", donde las imágenes guiadas se utilizan para estampar mensajes en tu mente. Están también los "pulsos binaurales", que son dos tipos de frecuencias de sonido que se tocan para cada oído de forma independiente. Estos llevan al cerebro a intentar resolver las diferencias, creando ondas alpha dentro del cerebro que también están relacionadas con otras formas de meditación.

Recuerda que toda la meditación persigue básicamente producir un sentimiento de paz interior y felicidad, mitiga el estrés y puede ayudar a acabar con la depresión.

Conclusión

Ojalá que ahora tengas un mejor entendimiento de cómo la meditación puede beneficiarte. Al leer esta guía, habrás adquirido una compresión más profunda de cómo funciona la mente y cómo la meditación altera el cerebro para que trabaje de forma más óptima. Tenemos la capacidad de intervenir naturalmente en la producción de hormonas y químicos, y es necesario. Sí, es necesario vivir sin estrés, ansiedad o depresión. Necesitamos ser más felices y equilibrados en nuestros pensamientos y acciones.

Por supuesto que la verdadera prueba es que lo intentes por ti mismo, que de verdad lo hagas. Regálate un espacio de tiempo cada día para realizar meditación, y como principiante será mucho más fácil que consigas un lugar tranquilo para ello. Ya luego verás que eventualmente será posible hacerla en casi cualquier parte.

Incluye a la meditación como parte de tu vida diaria, igual que comer, beber o lavarte los dientes (¿sí lo haces no?...). Si puedes crear el hábito, gozarás de sus beneficios por el resto de tu vida.

Y tampoco seas tímido, comparte la experiencia y cuéntale a la gente lo increíble que es para ayudar a cambiar la vida de alguien más también.

Namasté.

Parte 2

Introducción

La meditación ha existido durante miles de años. De hecho, se cree que existió antes de la historia escrita y que originalmente se asoció de una forma u otra con creencias o esquemas religiosos orientales. Aunque hay muchas tradiciones, lo que es común en todos los tipos de meditación es el hecho de que involucra al meditador observando su propia actividad mental y enfocando la atención. Aunque se comprende la acción de meditar, todavía hay mucho que aprender sobre cómo el meditador se transforma individual y colectivamente.

Aquí, en el siglo XXI, la meditación está en todas partes. Desde principios de la década de 1980, el número de publicaciones de investigación sobre la meditación ha aumentado en unas 300 veces. Sí, ¡trescientas veces! Esto nos muestra los niveles de interés y entusiasmo que ha habido desde entonces.

Vine a probar la meditación muy recientemente, como resultado de los eventos que estaban sucediendo en mi propia vida. Mi relación estaba fallando, mi trabajo era inseguro, y yo, como tantos otros, tenía una hipoteca que pagar y una familia que mantener. Me sentía como si estuviera haciendo malabares con cien bolas en lugar de tres, y estaba estresado, muy estresado. Una compañera de trabajo hablaba de la meditación y cantaba sus alabanzas, pero como ella misma estaba estresada, fue a ver a un psicólogo, y el psicólogo se lo había recomendado.

Así comenzó mi viaje. Esto despertó mi curiosidad, ya que siempre me han interesado las actividades en las que la mente y el cuerpo se unen, específicamente el yoga y las artes marciales. He practicado una o ambas de estas actividades durante años, y siempre me han dado una sensación de bienestar que no podía lograr con ninguna otra actividad. Me preguntaba si la meditación podría ser algo en lo que pudiera hundir mis dientes y sentir la misma sensación de bienestar, así que decidí intentarlo.

Ha cambiado mi vida para mejor, tanto en lo tangible como en lo intangible. Comencé mi práctica con diez minutos cada día, y ahora practico veinte minutos cada día, y es el momento en el que aún tengo la mente tranquila y recargo mi concentración y mis emociones. En su mayor parte, utilizo las técnicas descritas en este libro, variándolas para mantener las cosas interesantes. Como resultado me siento como si fuera más amable con la gente (sobre todo con la gente que no conozco) y como si tuviera más paciencia con ellos, reconozco mis emociones y ahora las observo sin permitir que me abrumen. Esto significa que me doy un poco de tiempo y espacio para considerar cómo debo reaccionar ante las cosas, en lugar de reaccionar sin pensar en ello y decir algo de lo que más tarde me arrepiento. Ahora también tengo una relación mucho mejor conmigo mismo. En el lugar de trabajo, esto es invaluable, y los beneficios serían múltiples si cada empleador insistiera en que los empleados meditaran diariamente. A nivel personal, soy más sensible a las necesidades de los que me rodean, porque tengo un sentido más fuerte de mis propias necesidades y de mí mismo. También me ha permitido desarrollar un sentido más profundo de gratitud y aprecio por la gente y el mundo que me rodea, y me recuerda que debo aceptar las circunstancias y las personas tal como son. Sobre todo, siento que estoy más completo para la experiencia.

Este libro, *Meditación - Una guía completa para principiantes sobre cómo despertar tu mente con técnicas que aliviarán el estrés, controlarán la ira y encontrarán la paz interior y la felicidad*, es un excelente punto de partida para un meditador principiante. Es un libro práctico que proporciona una guía útil sobre lo que necesitas para comenzar tu viaje de meditación, junto con los fundamentos de los cuatro tipos de meditación: respiración atenta, bondad amorosa, escaneo corporal y caminata. Podrás hacer todo esto en la comodidad de tu propia casa, sin necesidad de equipo caro o conocimientos especiales, y a tu gusto.

Si la meditación puede cambiar mi vida y mejorar mis relaciones de la manera que lo ha hecho, estoy seguro de que puede cambiar a cualquiera que se comprometa con la práctica diaria. Mi esperanza es que esto comience tu viaje hacia la paz interior, la felicidad y convertirte en tu mejor amigo, y que eso se extienda a todas las demás facetas de tu vida, como lo ha hecho con la mía.

Capítulo 1

En un mundo en el que nos encontramos en un ciclo incesante de actividad, y con el rápido desarrollo de la tecnología - teléfonos inteligentes, tabletas, medios sociales y similares, por no hablar de los trabajos de alto estrés con más horas que nunca- nos encontramos constantemente en línea e instantáneamente localizables, es difícil encontrar un lugar donde podamos apagar todo esto y simplemente estar. Parece que las exigencias y el ritmo de todo son tan frenéticos que es imposible mantener un sentido de quiénes somos, qué sentimos y qué es importante. La tecnología es realmente impresionante, pero no es gran cosa si nos lleva a un lugar de estrés en el que no podemos cuidar de nosotros mismos, especialmente de nuestras mentes. Sin embargo, hay una manera de recuperar algo de equilibrio: ¡contemplar la meditación! ¿Cómo es que algo tan antiguo es tan relevante en el mundo de hoy?

Los Beneficios

Los beneficios de la meditación son muchos y variados, y hay una miríada de estudios científicos y literatura que respaldan esto. Para darle una breve visión general, aquí hay una pequeña lista de algunos de ellos:

Meditación:

- Disminuye la presión arterial / ralentiza el sistema cardiovascular (frecuencia cardíaca y respiración);
- Relaja el sistema nervioso al domar la Respuesta de Combate o de Vuelo;
- Reduce la intensidad de las migrañas / dolores de cabeza;
- Reduce las dudas sobre sí mismo y el parloteo negativo de la mente;
- Reduce la ansiedad: cuando meditamos el cerebro cambia físicamente, lo que resulta en una mayor tranquilidad.
- Aumenta el optimismo, la

autoestima, la confianza y la motivación;
- Ayuda a equilibrar la función del sistema digestivo, incluyendo la absorción de nutrientes;
- Relaja los músculos;
- Alivia el insomnio;

- Reduce el miedo;
- Mejora la depresión;
- Ayuda a normalizar las hormonas del estrés;
- Aumenta la capacidad de resolución de problemas;
- Estimula la creatividad: la meditación libera la mente para generar nuevas ideas;
- Aumenta la concentración: cuando entrenamos la mente para que se concentre en la respiración durante las sesiones de meditación, esto mejora la capacidad de mantener la atención, y esto se transfiere a otras actividades;
- Refuerza la inmunidad;
- Mejora las relaciones: al meditar nos aceptamos más a nosotros mismos, y esto a su vez nos hace aceptar mejor a los demás tal como son;
- Aumenta la regulación emocional: esto nos da la oportunidad de tomar una decisión antes de responder en situaciones estresantes;

- Ayuda a procesar el trauma: la meditación ayuda a procesar las emociones difíciles, permitiéndonos sentarnos con ellas tal como son, sin juzgarlas ni alejarlas.
- Enseña que los estados emocionales y los pensamientos no son permanentes, y que la meditación puede afectarlos.

Estos son sólo algunos de los beneficios de la meditación, y si eso no es suficiente para entusiasmarte e inspirarte a probarla, ¡no sé qué lo hará!

Capítulo 2

La paz viene de dentro. No la busques afuera.
-Buddha-

Prácticas de Meditación - Lo Básico

Las siguientes son algunas de las actividades necesarias para que puedas establecer tu práctica de meditación. Aunque las técnicas de los capítulos siguientes difieren un poco, los fundamentos de la puesta en práctica siguen siendo los mismos (a menos que estés haciendo la meditación caminando, entonces es completamente diferente).

Preparando para la meditación

¿Qué equipo necesito?

No necesitas ningún equipo de lujo para comenzar tu experiencia de meditación.

Es posible que desees comprar un cojín de meditación, pero esto no es necesario. Todo lo que necesitas es una mente abierta y sin expectativas sobre los resultados de tu práctica. ¡Ni siquiera necesitas ser un monje budista!

¿Qué debo usar?
Es mejor usar ropa cómoda y suelta.

¿Cuánto tiempo es la duración correcta para un principiante?
Como principiante, comienza con una práctica de 10 minutos. Esto te dará una idea de la práctica, y si es o no de hecho, para ti. Una vez que hayas entrenado tu mente durante 10 minutos regularmente, digamos, durante un mes, podrías desafiarla aumentando la duración de la práctica. Puedes aumentar 5 minutos cada vez, 10 si te sientes cómodo, o más. Realmente depende de ti. Entrenar la mente es similar a entrenar el cuerpo en el gimnasio. Una vez que te sientas fuerte

haciendo un ejercicio con un peso determinado, es el momento de desafiar a los músculos al siguiente nivel, ya sea aumentando el peso o cambiando ligeramente el grupo muscular. Lo mismo ocurre con la meditación.

¿Cómo sé cuándo empezar y terminar la meditación?

Necesitarás programar una alarma o un temporizador para que te diga cuándo debes detener tu práctica. Esto te permitirá estar presente con la meditación en lugar de preocuparte por cuándo parar.

¿Dónde debo meditar?

Es aconsejable encontrar un lugar tranquilo para realizar la práctica, puede ser un lugar especial en tu casa, donde puedas poner una silla o un cojín. Generalmente enciendo algunas velas en la habitación también, pero de nuevo, esto depende totalmente de ti. También puedes acostarte en tu cama si lo deseas, pero siempre existe el peligro de quedarse dormido si eliges esta opción. Por supuesto, esto está perfectamente bien si lo que se pretende es ir a dormir. Alternativamente, también puedes practicar al aire libre - ve y encuentra un lugar apropiado en tu jardín si tienes uno, siéntate en un banco del parque, o siéntate o acuéstate debajo de un árbol en el parque. Es muy agradable cuando el clima es cálido y se puede absorber todos los elementos de la naturaleza. Obviamente, debes tener en cuenta tu seguridad si seleccionas esta opción.

¿Cuándo debo meditar?

Muchas personas sugieren meditar a primera hora de la mañana para preparar su día. Si te puedes levantar lo suficientemente temprano para hacerlo a primera hora, probablemente sea una gran idea. De esta manera, comenzarás el día con una mente clara y enfocada y una actitud relajada y compasiva. Sin embargo, si eso no es posible, realmente no importa cuando meditas, siempre y cuando te comprometas a la práctica diaria. Obviamente, si no puedes dormir, una meditación de respiración consciente te ayudará con esto.

¿Cómo debo posicionarme para meditar?

Hay un número de posiciones en las que puedes meditar, y esto es una cuestión de preferencia personal. Probablemente deberías probar todas para ver cuál te conviene más.

Sentado en el piso
Si eliges meditar sentado en el suelo:
- Siéntate con las piernas cruzadas sobre los huesos de asiento, sobre un cojín con la espalda recta y relajada. No debe estar rígido;
- Para mayor comodidad, trata de colocar las caderas más altas que las rodillas y apunta con las rodillas hacia el suelo - puedes usar una manta enrollada para ayudar a conseguirlo;
- Meter la barbilla ligeramente hacia adentro e inclinar la cabeza suavemente hacia adelante;
- Coloca una mano en la otra y deja que se apoye en las pantorrillas de tus piernas cruzadas;

Sentado en una silla:
- Si decides meditar sentado en una silla:
- Siéntate con los pies firmemente plantados en el suelo, con la espalda recta y relajada, e inclínate ligeramente hacia adelante;

- Descansa tus manos suavemente sobre tus piernas;
- Inclina la cabeza hacia adelante suavemente.

Acostado
- Si decides meditar acostado en el suelo:
- Recuéstate boca arriba, con las piernas separadas, permitiendo que los pies caigan hacia los lados;
- Coloca las manos a los lados, con las palmas hacia el cielo o el techo, y deja que los dedos se enrosquen naturalmente.

Capítulo 3

Respira profundamente para traer tu mente a tu cuerpo.
-ThichNhatHanh-

Ejercicio de respiración consciente
Esta técnica de meditación nos permite entrenar la mente para enfocarnos conscientemente, y es la técnica con la que la mayoría de la gente estaría familiarizada. Su enfoque se caracteriza por una conciencia desapasionada y curiosa de la experiencia en curso, donde la mente se centra en la respiración con una aceptación sin juicios.

Esta práctica se puede realizar acostado en posición de cadáver o sentado. Si estás sentado en una silla, asegúrate de que tus pies estén firmemente apoyados en el suelo, y que tu espalda esté recta pero relajada y no rígida, y que tus manos descansen cómodamente sobre tus piernas. Ajusta la alarma o el temporizador según sea necesario.

Empieza por respirar profundamente, inhalando por la nariz y exhalando por la boca. Sé consciente de que tu abdomen se mueve hacia arriba y hacia abajo, o siente el aire a través de tus fosas nasales. Esto te permitirá sentirte presente y enraizado. Repite esto de 5 a 10 respiraciones. Al exhalar el último aliento, cierra suavemente los ojos.

Concéntrate ahora en las sensaciones de tu cuerpo. Realiza suavemente una exploración de tu cuerpo, comenzando desde la parte superior de la cabeza, sintiendo las sensaciones y notando si llevas alguna tensión, sensación de calor o frío, pesadez o ligereza en el cuerpo a medida que avanzas. Continúa hasta que llegues a la punta de los dedos de los pies.

Ahora trae tu atención a tus emociones.

¿Cómo te sientes? Sólo obsérvalos sin juzgarlos, tal como están. En este punto es una buena idea establecer la intención de tu práctica. Puede que quieras desarrollar más paciencia, compasión o bondad, para que esto mejore tus relaciones.

Ahora vuelve a concentrarte en la respiración. Siente que tu abdomen sube y baja, pero deja de pensar en ello o de analizarlo, de comprometerte con él. Sólo siéntelo, y nota las diferentes longitudes que toma cada respiración. Sigue los ritmos suavemente con atención: dentro y fuera, subiendo y bajando. Deja que los pensamientos, las emociones, las sensaciones corporales y los sonidos sean como son: no necesitas seguirlos, alejarlos o juzgarlos. Sólo permite que sucedan, que vengan y se vayan, sin interferencias, mientras diriges una suave atención a la respiración.

Cuando notes que tu mente ha deambulado, como inevitablemente lo hará, reconoce que esto ha sucedido con bondad. Recuerda, tan pronto como te des cuenta de que esto está ocurriendo, tienes la opción de cómo responder a esto. Puedes traer tu atención de vuelta a la respiración, y continuar siguiéndola, entrando y saliendo, momento a momento, con interés y curiosidad amistosa. Si lo deseas, puedes contar las respiraciones, 1 al inhalar, 2 al exhalar, 3 en la siguiente inhalación, 4 en la siguiente exhalación y así sucesivamente, hasta que llegues a 10. Luego puedes empezar a contar las respiraciones de nuevo.

Continúa haciendo esto hasta que suene la alarma. Descansa momentáneamente y aprecia cómo se sienten tu cuerpo y tu mente como resultado de haberte tomado el tiempo para meditar. Trata de llevar estos sentimientos al resto del día.

Capítulo 4

Ayer era inteligente, quería cambiar el mundo. Hoy soy sabio, así que me estoy cambiando a mí mismo.
-Rumi-

Meditación de la bondad de amor
Las meditaciones de bondad amorosa se conocen como meditaciones de atención enfocada o meditaciones de concentración. Aquí es donde dirigimos nuestra atención a la repetición de una palabra o frase. En este caso estaremos repitiendo varias frases.

Sirven para enfatizar que, como humanos, todos sufrimos. Nuestro sufrimiento es común a la condición humana, y como tal, nadie es inmune al sufrimiento. Esta técnica de meditación nos permite enviar bondad amorosa a todos en nuestro círculo y más allá, y ser compasivos con nosotros mismos y con todos aquellos con los que entramos en contacto.

Puedes dedicarte esta práctica a ti mismo, a la gente que amas, a la gente que no conoces bien. Esto se puede extender a las personas que viven en la misma ciudad, estado y país que tú. También puede extenderse a los animales, a los seres vivos y a todo el planeta. Esto aumenta nuestros sentimientos de conexión social y nos hace pensar más allá de nosotros mismos, cultiva la compasión y la empatía, disminuye el sesgo hacia los demás, derrota a tu crítica interna, y desacelera el envejecimiento.

1. Prepara tu meditación de acuerdo con las instrucciones del capítulo. Pon tu alarma según sea necesario y establece tu intención como bondad.
2. Respira profundamente unas cuantas veces, por la nariz y por la boca para

liberar cualquier tensión. Sé consciente de que tu vientre se mueve hacia arriba y hacia abajo, o siente el aire a través de tus fosas nasales. Esto te permitirá sentirte presente y enraizado. Observa dónde sientes la respiración con más fuerza a medida que entra y sale de tu cuerpo.

3. Deja que tu respiración regrese a la normalidad, pero continúa concentrándote en ella, permitiéndote sentirte tranquilo. Recuerda a alguien que ha sido extremadamente amable contigo en tu vida, alguien que ha sido o es muy importante para ti - puede ser una mascota, tu abuelo, un buen amigo, un mentor o un pariente favorito. Imagina que esta persona está sentada frente a ti y llama al ojo de tu mente cómo se ve y cómo te hace sentir. Repite las siguientes frases en tu cabeza, lentamente y con amorosa intención:

- Que estés en paz.
- Que estés a salvo.
- Que tengas salud.
- Que vivas con tranquilidad.

4. Siente realmente la intención detrás de cada una de estas frases mientras te las repites a ti mismo. Experimenta los sentimientos de cuidado, buena

voluntad y amabilidad hacia esta persona. Repite este ciclo varias veces. Si, durante este tiempo, tu mente deambula, reconoce esto con bondad, y suavemente regresa tu atención a la respiración, entonces comienza de nuevo.
5. Ahora inclúyete en la presencia de esta persona, imagina que estás sentado frente a ellos, y repite lo siguiente varias veces:

- Que estemos a salvo.
- Que seamos pacíficos.
- Que estemos sanos.
- Que podamos vivir con facilidad.

6. Ahora vuelve a llamar la atención sobre ti mismo. Recuerda que tú también tienes derecho a la bondad, la preocupación y el amor. Repite las siguientes frases varias veces:

- Que esté a salvo.
- Que pueda estar en paz.

- Que sea saludable.
- Que pueda vivir con facilidad.
7. Ahora recuerda a un conocido o colega que no conoces muy bien. Ten en cuenta que, aunque no conozcas su historia, ellos también sufren, junto contigo y con el resto de la humanidad. Repite las siguientes frases:
   - Que estés a salvo.
   - Que estés en paz.
   - Que tengas salud.
- Que vivas con tranquilidad.
8. De nuevo, siente la intención detrás de cada una de estas frases a medida que te las repites a ti mismo. Repite este ciclo de 4 a 5 veces. Recuerda traer a tu atención de vuelta a la respiración si tu mente deambula.

    Entonces puedes extenderlo a tu familia, a tu vecindario, a tu país, a todos los seres vivos o incluso a todo el universo. Repita las siguientes frases en su cabeza:
    - Que todos vivamos en paz y

armonía.
- Que todos estemos a salvo.
- Que todos estemos sanos.
- Que todos seamos amables unos con otros.
- Que podamos vivir con facilidad.
9. Continúa hasta que suene la alarma o el temporizador. Una vez que hayas terminado, permítete sentir estos sentimientos de buena voluntad y bondad en tu cuerpo. Cuando estés listo, abre suavemente los ojos y trata de llevar estos sentimientos de bondad, compasión y buena voluntad a lo largo del día.

Capítulo 5

Cuanto más callado te vuelves, más puedes oír.
-RamDass-

Meditación de escaneo corporal
El objetivo de la meditación de escaneo corporal es tomar conciencia de las sensaciones que sientes a medida que se producen en las diferentes partes de tu cuerpo. Su objetivo no es necesariamente sentirse relajado o tranquilo, aunque esto puede o no suceder. Su objetivo es más bien localizar los vínculos entre las emociones y las sensaciones físicas y demuestra cómo se pueden utilizar las sensaciones físicas como clave para el estado emocional. Hay una amplia gama de sensaciones físicas que puedes experimentar, incluyendo dolor, molestias, picazón, hormigueo, pesadez, ligereza, calor, frío, presión o tensión, por nombrar algunas. Estas sensaciones físicas pueden

ir acompañadas de pensamientos o emociones, que pueden resumirse en tres sentimientos básicos, a saber, neutro, desagradable o agradable.

1. Prepara tu meditación según las instrucciones anteriores. Configura tu alarma según sea necesario, y establece tu intención de estar presente.
2. Respira profundamente unas cuantas veces, por la nariz y por la boca, para liberar cualquier tensión de tu experiencia. Sé consciente de que tu abdomen se mueve hacia arriba y hacia abajo, o siente el aire a través de tus fosas nasales. Esto te permitirá sentirte presente y enraizado. Observa dónde sientes la respiración con más fuerza a medida que entra y sale de tu cuerpo.
3. Deja que tu respiración regrese a la normalidad, pero continúa concentrándote en ella, permitiéndote sentirte tranquilo. Recuerda para esta meditación, dejar de juzgar, ser amable y curioso. Estar

completamente presente en este momento, permitir que el cuerpo simplemente esté.

4. Si tu mente deambula por el pasado, o en pensamientos o sentimientos, suave pero firmemente trae de vuelta la atención a la respiración. Cuando estés listo, desde el foco de la respiración desde tu abdomen, lleva tu atención a través de tu pierna izquierda hasta el dedo gordo del pie izquierdo. Fíjate qué sensaciones sientes.

¿Hormigueo, pulso, picor, dolor o falta de sensibilidad? Lleva tu atención a los otros dedos del pie izquierdo, tomando conciencia de cada dedo y del espacio entre cada uno. Ahora mueve tu atención a la parte inferior del pie izquierdo - el talón, el arco y la bola del pie. Muévete a la parte superior del pie - examina las sensaciones con curiosidad - ¿sientes humedad, frescor? ¿O hay una ausencia de sensación? Ábrete a lo que sea que estés sintiendo. Ahora, lleva la atención hacia tu tobillo izquierdo, notando cualquier sensación que estés sintiendo. ¿Puedes sentir alguna presión?

5. Mueve la atención a la parte inferior de la pierna, primero la espinilla, luego la pantorrilla. Enfoca tu atención desde la piel hasta el tejido muscular y el hueso. Si tu mente deambula, enfócate suave pero intencionalmente en la parte inferior de la pierna izquierda.

6. Desplaza tu atención hacia la rodilla, la rodilla que nos mueve de un lado a otro, moviéndote, agachándote, girando, llevándonos de un lugar a otro. Relaciónate amablemente con la rodilla, agradece el trabajo que hace por nosotros.

7. Mueve tu atención hacia el muslo izquierdo, siente y explora qué sensaciones hay que descubrir en esa parte del cuerpo. Anota si también sientes una emoción en particular cuando pones tu atención en las sensaciones aquí.

8. Mueve tu atención ahora a través de las caderas y baja por la pierna derecha,

hacia el dedo gordo del pie derecho. Examina las sensaciones que sientes, si las hay. Luego mueve tu conciencia a los otros dedos del pie, y cualquier sensación que pueda estar presente aquí. Al encontrarse con todo el pie derecho, ten cuidado en el lugar donde el pie hace contacto con una superficie. ¿Cómo se siente eso? Enfócate entonces en el tobillo, percibiendo sensación o no sensación, emoción o no emoción.

9. Lleva tu atención a la parte inferior de la pierna, la pantorrilla, la espinilla. ¿Hay alguna sensación de que la ropa toque esta parte del cuerpo? ¿Hay otras sensaciones o emociones? Observa las sensaciones más profundamente en la parte inferior de la pierna, siendo consciente de la piel, el tejido, los músculos y los huesos con curiosidad y amabilidad. ¿Qué es lo que sientes?

10. Moviéndose hacia la rodilla derecha, la parte posterior de la rodilla, los lados, sintiendo lo que hay aquí. Comprueba

dónde está tu mente. ¿Estás distraído por otros pensamientos o emociones? Si la respuesta es sí, vuelve a poner la atención en la rodilla derecha si ésta ha deambulado.

11. Mueve tu atención hacia el muslo derecho, encontrando las sensaciones que sientes con amabilidad y curiosidad. Presta atención suavemente a las caderas, los glúteos y la pelvis. Sé consciente del duro trabajo que esta área del cuerpo hace por ti, y mantenlo en tu conciencia, aquí en el momento presente.

12. Ahora, mueve la atención a la parte baja de la espalda. ¿Está consciente de alguna tensión o rigidez? En una exhalación, si puedes, trata de liberar esta tensión. Si no, permite que la sensación sea como es, sin juzgar.

13. Lleva la atención a la parte media y alta de la espalda, ten curiosidad sobre lo que sientes aquí. De nuevo, ¿sientes alguna tensión?

14. Ahora, lleva tu conciencia a la parte

frontal del cuerpo y al abdomen, donde ocurre la digestión. Este es el lugar donde a menudo llevamos la tensión emocional. ¿Cómo se siente esto? ¿Hay alguna emoción para ti aquí? ¿O no hay ninguna sensación?

15. Ahora mueve tu atención a tu pecho, a los pulmones y a la caja torácica, los pulmones que oxigenan nuestros cuerpos. Observa esto con curiosidad, amabilidad y gratitud. Sé consciente del latido del corazón en el pecho si puedes, manteniéndonos vivos en cada momento de nuestras vidas, el asiento de nuestras emociones. Reconoce que algunas partes del cuerpo contienen emociones, y permite que vayan y vengan, como nubes a través de un cielo azul. No los juzgues ni analices.

16. Muévete hacia los hombros, donde muchos de nosotros llevamos la tensión, de una vida de sentarse frente a una computadora. Siente lo que hay aquí. En una exhalación, libera cualquier tensión

que encuentres, si la encuentras. Si no puedes, simplemente deja que la sensación sea como es.

17. Ahora, mueve tu atención a la mano izquierda, siente los dedos y la muñeca. Muévete hacia el antebrazo y el codo, la parte superior del brazo. ¿Qué es lo que sientes? Observa con amabilidad y curiosidad. Muévete hacia el brazo derecho y hacia abajo hacia la mano, siente la mano, la muñeca, muévete hacia el antebrazo y el codo, y permanece consciente de la parte superior del brazo.

18. Muévete hacia el cuello, esto también puede mantener la tensión, nota si estás sosteniendo algo, y trae tu conciencia a la mandíbula. Observe cualquier apretón o tensión - deja que esto vaya en una exhalación si puedes. Si no puedes, que la sensación sea como es. Fíjate en el mentón, la boca y los dientes, la lengua, los labios.

19. Ahora muévete hacia la nariz, los ojos, las mejillas, los oídos, escuchando lo

que se debe escuchar en el momento presente. Muévete hacia la cabeza, los lados de la cabeza, la parte posterior de la cabeza, notando que aquí es donde está alojado el cerebro, y tu cerebro siente todo por ti. Nota esto con amabilidad y gratitud por el trabajo que tu cerebro hace por ti.

20. Finalmente expande tu conciencia desde la parte superior de la cabeza hasta los pies, inhalando y exhalando todo el cuerpo, y agradece a tu cuerpo en este momento. Descansa en la conciencia del cuerpo como un todo, y de la respiración que fluye dentro y fuera del cuerpo libremente.

21. Continúa con la práctica hasta que suene la alarma o el temporizador. Ahora comienza a mover los dedos de las manos y de los pies y regresa tu mente al espacio que te rodea. Puedes ajustar el tiempo que pasas en esta práctica usando trozos más grandes de tu cuerpo para darte cuenta o pasar un tiempo más o menos

largo de cada parte.

Es posible que ahora seas más consciente de dónde llevas la tensión y las emociones en tu cuerpo.

Capítulo 6

Si corriges tu mente, el resto de tu vida se armonizará.
-Lao Tzu-

Meditación caminando
No sólo necesitas estar sentado o acostado para meditar. También es posible moverse y meditar simultáneamente. La meditación caminando es una actividad en la que puedes enfocar y concentrar la mente y desarrollar el conocimiento investigativo y la sabiduría. Complementa tu práctica de sentarte y sus beneficios incluyen:

1. Desarrollar la resistencia y el buen estado físico;

2. Apropiado para aquellos que caen en un estado demasiado tranquilo durante la práctica de sentarse.

3. Aumenta la atención y la conciencia;

4. Mejora la digestión;

5. Aumenta la concentración. La concentración que se acumula durante una meditación caminante se mantiene durante un largo período después de que la meditación llega a su fin.

La Práctica

1. Encuentra un lugar adecuado, un lugar tranquilo, con pocas distracciones y ligeramente cerrado. Esto ayudará a traer la mente hacia adentro, hacia el yo y la paz. El sendero original de Buda sigue existiendo hasta el día de hoy y sólo tiene 17 pasos de largo. Para el principiante, un camino de 15 pasos es una buena longitud.

2. Prepara tu cuerpo y tu mente. Párate en un extremo de tu camino, erguido. Coloca tu mano derecha sobre la izquierda delante de ti. Esto es para ayudar a enfocar la mente en el hecho de que esto es una meditación caminando, no sólo un paseo.

3. Quédate quieto y trae tu conciencia

y atención a tu cuerpo. Cierra los ojos por un momento y sé consciente del peso que se transfiere a través de las plantas de los pies hacia la tierra. Trae tu atención a todos los movimientos sutiles que se suceden para mantenernos equilibrados y erguidos.

4. Decide la duración de tu meditación de caminata.

5. Sé consciente de la postura al caminar. Pon toda tu atención en las plantas de tus pies, en las sensaciones y sentimientos a medida que surgen y desaparecen. A medida que caminas, los sentimientos cambian. A medida que un pie se eleva y se pone en contacto con el camino, surge un nuevo sentimiento. Lleva tu conciencia a esa sensación, tal como se siente a través de la planta del pie. A medida que el otro pie se libera y luego se pone en contacto con el suelo, observa la nueva sensación a medida que aparece. Repite esto con cada paso, mientras dure la meditación de caminar.

Toma en cuenta que las sensaciones serán agradables, desagradables o neutras. Al notarlas, no te aferres a ellas, no las juzgues ni las alejes. Si notas algo en el mundo exterior que sea agradable, desagradable o neutral, reconócelo y déjalo ir.

6. Sé consciente de las sensaciones que produce el contacto, ya sea dolor, calor u otras sensaciones. Por lo tanto, los sentimientos cambiarán constantemente y surgirán de nuevo a medida que camines. Toma nota también de las sensaciones en la parte inferior de las piernas, en las espinillas y en los músculos de la pantorrilla. También puedes tomar nota de tu piel y del contacto con tu ropa.

7. Luego fíjate en las sensaciones de la parte superior de la pierna. Observa las cualidades de la sensación en tus rodillas, muslos y tendones.

8. Necesitarás encontrar tu propio ritmo de caminar. Al principio, probablemente deberías caminar muy

lentamente hasta que puedas permanecer en el momento presente de cada paso. A intervalos regulares durante tu paseo, pregúntate "¿Dónde está mi mente?" ¿Está ocupada o tranquila? ¿Está clara o apagada? Debe estar en las plantas de los pies. Si tu conciencia está en otro lugar, regrésala suavemente a las sensaciones de los pies de nuevo y continúa caminando.

9. También presta atención a tu estado emocional. ¿Estás aburrido, contento, irritado, feliz? De nuevo, reconoce estas emociones, no las juzgues y luego déjalas ir.

10. Observa también, el equilibrio entre tu experiencia de los entornos internos y externos. Si puedes ser consciente de ambos en igual medida, entonces tu mente debe establecerse en un punto de quietud y claridad.

11. Al llegar al final del camino, date la vuelta lentamente y comprueba tu atención. ¿Dónde está tu mente? ¿Está la sensación en las plantas de los pies o su

atención en otra parte? Redirige tu atención a las plantas de tus pies, y comienza la caminata de regreso por el sendero.

12. Fíjate cuando estés en medio del camino y di a ti mismo: "Estoy en medio del camino". Si tu atención se ha desviado, regrésala suavemente a las sensaciones de tus pasos, y a medida que se levantan y desaparecen.

13. Continúa haciendo esto hasta que llegues al final de la duración de tu meditación caminando, y luego detente. Trae tu conciencia a ti mismo de pie, y a no moverte más. Observa cómo el peso se desplaza entre varios puntos de tus pies y de un pie al otro. Ahora lleva la meditación a su fin.

Capítulo 7

La causa principal de la infelicidad nunca es la situación, sino tus pensamientos al respecto.
-EckhartTolle-

Variaciones de la meditación
Meditación en la ducha
Esta meditación es una variación de la técnica de respiración consciente, pero se mezcla con un poco de visualización. Mientras te duchas, lleva tu conciencia al agua tibia acariciando tu cuerpo, y disfrútalo realmente. Date un poco de tiempo para saborear esto. Luego, respira profundamente, inhalando por la nariz y exhalando por la boca. Repite esto varias veces y luego deja que tu respiración vuelva a la normalidad.

Ahora, continúa concentrándote en tu respiración mientras te duchas. A medida que exhalas cada vez, visualízate a ti mismo lavando tus emociones negativas. Continúa concentrándote en la sensación del agua en tu piel. Puedes elegir "lavar" una sola sensación, como el estrés. Otros que podrías lavar son la ansiedad, la tristeza, el arrepentimiento, el miedo, la frustración y la ira. Visualiza todos estos sentimientos negativos que se van por el desagüe y fuera de tu vida. Comenzarás a sentirte más ligero y claro para el día que viene.

Respiración atenta para emergencias
Ocasionalmente podemos experimentar algo en la vida diaria que nos abruma, tal vez una presentación o reunión en el trabajo no ha salido según lo planeado, tal vez hay un niño que se está portando mal, y te ha hecho sentir extremadamente estresado. Esto es perfectamente natural para los seres humanos imperfectos que somos. Cuando esto sucede, podemos optar por permitir que nos domine, o

podemos completar este ejercicio de respiración consciente de emergencia.

Búscate un lugar tranquilo, ya sea en una sala de reuniones en algún lugar, si estás en el trabajo, en el parque, ¡incluso en el baño! Siéntate, prestando atención a tus pies en el suelo. Asegúrate de que tu espalda esté recta pero relajada, e inclínate ligeramente hacia adelante. Permite que tus manos descansen suavemente sobre tus piernas. Luego, comienza a respirar profundamente, inhalando por la nariz y exhalando por la boca. Observa que tu abdomen sube y baja, incluso puedes poner tus manos suavemente sobre tu vientre para experimentar realmente esta subida y bajada. Continúa haciendo esto unas cuantas veces más y luego comienza a contar las respiraciones. Cuenta 1 en la inhalación, 2 en la exhalación, 3 en la siguiente inhalación y así sucesivamente. Cuenta hasta 10 y luego comienza a contar de nuevo. Después de la primera serie de 10, deberías notar que tu cuerpo ha comenzado a ablandarse y relajarse. Repita esta serie de 10 respiraciones otras 4 ó 5 veces, dependiendo de cómo te sientas. Por el conjunto final de 10 inhalaciones y exhalaciones, deberías sentirte mucho más tranquilo y estar en posición para enfrentarte al mundo de nuevo.

Conclusión

Espero que ya hayas probado al menos algunas de las técnicas básicas de meditación de este libro. Los beneficios serán sutiles al principio, y luego te encontrarás reaccionando a los factores estresantes de una manera diferente, y por diferente, me refiero a una manera positiva. Conforme persistas con estos ejercicios, comenzarás a notar cambios en tu vida y ya no podrás vivir sin ellos.

Practicar la meditación siempre ha sido un placer diario para mí, un retiro en mi propia mente y cuerpo, una experiencia de volver a casa. Te animo a que lo hagas por ti mismo, por tus amigos, colegas y familiares. Cada persona de tu círculo social te lo agradecerá al reconocer los cambios sutiles que hay en ti. Una vez que hayan visto lo que has logrado, anímalos a que lo asuman también, pues el mundo necesita paz y estabilidad. Esta es una pequeña manera en la que cada uno de nosotros puede ayudar a conseguirlo. ¡Buena suerte en tu viaje!